世间已无胡适之

紫墨 著

新世界出版社
NEW WORLD PRESS

图书在版编目（CIP）数据

世间已无胡适之 / 紫墨著. -- 北京：新世界出版社，2016.8

ISBN 978-7-5104-5852-1

Ⅰ.①世… Ⅱ.①紫… Ⅲ.①胡适（1891-1962）-传记-通俗读物 Ⅳ.①K825.4-49

中国版本图书馆 CIP 数据核字（2016）第 147156 号

世间已无胡适之

作　　者：紫　墨
责任编辑：余守斌
责任印制：李一鸣　黄厚清
出版发行：新世界出版社
社　　址：北京西城区百万庄大街 24 号（100037）
发 行 部：(010) 6899 5968　　(010) 6899 8705（传真）
总 编 室：(010) 6899 5424　　(010) 6832 6679（传真）
http://www.nwp.cn
http://www.nwp.com.cn
版 权 部：+8610 6899 6306
版权部电子信箱：nwpcd@sina.com
印　　刷：北京嘉业印刷厂
经　　销：新华书店
开　　本：710mm×1000mm　1/16
字　　数：236 千字　　印　张：15.5
版　　次：2016 年 8 月第 1 版　2016 年 8 月第 1 次印刷
书　　号：ISBN 978-7-5104-5852-1
定　　价：32.00 元

版权所有，侵权必究

凡购本社图书，如有缺页、倒页、脱页等印装错误，可随时退换。
客服电话：(010) 6899 8638

目 录
CONTENTS

前言｜为寻胡适，先到徽州

第一章
我从山中来

魂牵梦绕故乡兰 / 2　最后的儒将 / 6　僧道无缘 / 9
梅溪走出个新青年 / 12　少年诗人 / 17　西台行 / 22
铁门里的落魄客 / 26　扬帆出海 / 29

第二章
风光绮色佳

第二故乡 / 34　是否木石心肠 / 39　此时君与我 / 43
白话文运动 / 48　风月总关情 / 52

第三章
胡同里的记忆

她把门儿深掩 / 58　洞房昨夜停红烛 / 62

徽州女人 / 66　窗前月，相思尽染 / 70

北大添个年青人 / 74　一世深恩 / 78

双峰并立，两水分流 / 80　我们三个朋友 / 86

百尺的宫墙 / 92

第四章
摘星弄月

烟霞别有天 / 98　吹不散我心头的人影 / 106

花瓣儿纷纷落了 / 111　牢笼中的棕色小鸟 / 118

魔窟的邻居 / 123　难别西天的云彩 / 129

我的朋友胡适之 / 135

第五章
始知相忆深

细细话从前 / 140　烟雨漓江，梦幻桂林 / 145

一个怪人 / 150　无心肝的月亮 / 154

先生的雅量 / 164　八方名士溯江来 / 168

第六章
书生大使

等待，一生最初的苍老 / 174　苦雨庵中的老僧 / 178
做了过河卒子 / 183　赫贞江边的丽影 / 187
云中谁寄锦书来 / 192　归去来兮 / 196
重回北大 / 200

第七章
无处安放的灵魂

未名湖畔，一声叹息 / 204　忽值山河改 / 209
你也在这里吗 / 213

第八章
曲　终

怕太太轶事 / 220　万山不许一溪奔 / 224
两个小朋友 / 229　世间已无胡适之 / 234

前言 | 为寻胡适，先到徽州

生痴绝处，无梦到徽州，读胡适，先从徽州开始。

夕阳西下，我来到了这座城。

在那山峦深处，碧溪两岸，古老徽州古朴的神韵弹拨着让人心醉的旋律。南方将落的阳光，竟可以这样柔和，恍惚在铂金色的光晕里，于幽幽窄巷的古民居中，恍若走进了诗经的故乡。

鸡鸣犬吠之中，我却触摸到了一丝宁静，那种从青石板之下升起的宁静、湿滑、柔荡，在我身边飘散开来。

还真是，八百年的宁静……老年胡适曾伤感道："故园东望路漫漫，双袖龙钟泪不干"。这种遗世独立的美，偏偏又是婉约细腻的。村落阡巷古风丝丝，马头墙下岁月悠悠。

无徽不成镇。

白墙黛瓦，错落有致，掩映在皖南的青山秀水之间，一眼望去，真让人有一种走进中国画的冲动，这就是徽州。走在一线天的街巷里，那清一色的青石板路，老式的木门板店面，高耸的马头墙屋檐以及那安放在街头巷尾的石礅、石凳……一切都是那么古朴典雅，一如那个博学的儒生，一袭长衫，不染风尘却多了一丝落寞。

徽州人不蹲家，经营走八方。

从前，徽州人出外经商是徒步的。先从徽州启程，翻山越岭到达杭州，再转水路至金华、衢州及江西的玉山、铅山，再经由长江去南京、苏州、上海和武汉等地。

胡适先生说："我们徽州是多山的地方，大凡山国的出产都是微薄的，不足供居民生活的需要，于是居民不得不冒险到外边求谋生之道了。我们徽州人的习惯，一家若有两个或三个以上的男孩，把一个留在家里耕种田地。其余的孩子，到了十三岁，便打发出门学生意。出门时不要带多少川资，只用几尺蓝老布做成一个袋，两端缝合，中间开一个口，每袋一端，装进五个这样的'国宝'，就算是孩子长途的粮食了。好在这'国宝'的馅子都是干材料，过上十天八天也是不要紧的。到了宿店的时候，一点火，袋里掏出一个'国宝'，在火上烘烤一会，吃下去就算一顿饭。至于宿费，每夜只需大钱二十一文，由徽州走到杭州，二百文川资，绰有余裕。徽州人穷得不能聊生的时候，有句安慰自己的口号，说是'不要慌，十天到余杭！'"

灯火通明之时上街闲逛，在小食摊上发现了先生口中的"国宝"，这种重油重盐的饼子被徽州人称为"塌粿"，是徽州人外出谋生的口粮。妻子一面烘，丈夫一面吃，再用私密的徽州乡音说几句体己话，该是怎样一种意境……

有道是，看皇家建筑到北京故宫，看民间建筑到西递宏村。西递和宏村，因着上了世界文化遗产名录，名气很大。西递有一百二十多座保存完好的古民居，那是古徽州精彩的延续，文化的沉淀。从这些近乎绝美的建筑群里，仿佛随时可以找回失落的东西。

第二天一大早，我们就驱车去了西递。

来到西递，呼吸到了那里的气息，听到了血液流回心脏的声音。

西递，不是一个村，而是很多很多铅字聚拢起来的诗，这诗里有流水潺潺，有桃花的粉色，有木屐落在青石板上的绝响，有晚归人的浅唱，那种散发墨色气息的砖瓦和流动的灰色让我一度迷醉。

从村口的导游口中得知，西递村始建于北宋年间。西递，取水势西流之意，"中有二水环绕，不之东而之西，故名"。据当地胡姓宗谱记载，他们来源于李唐灭后，末代皇帝唐昭宗李晔之子姓胡，避难于徽州，后见这里有"虎步前蹲之势，犀牛望月之奇"，遂定居下来。大概正是这种不同寻常的历史渊源，造就了西递人特有的文化底蕴，让西递人在历史上留下了这么灿烂非凡的一笔。

我来此，是为了寻找一个人。

时间回到 1600 多年以前。

那时，陶渊明便在此地担任县令。处理政务之余，生性淡泊的陶渊明更喜欢寄情山水。从岱峰脚下登上竹筏，在清凌凌的河面上戏水漂荡，穿溪越滩……近看碧水浅滩、游鱼可数、彩石纷呈；远眺竹林叠翠、山花簇拥、桃园隐映。

他还在东至县的牛头山上，亲自种下两株菊花，品味着"采菊东篱下，悠然见南山"的意境。

没过多久，郡督邮来县巡查，县吏告诉他应该穿戴整齐前去迎接。陶渊明长笑一声："我岂能为五斗米折腰向邻里小儿！"即日授印去职，飘然而去，回到家乡务农。

几年后，陶渊明完成了《桃花源记》的写作。

公元 427 年，陶渊明去世。

我久久驻足于这月色之下，村外的田野，有此起彼伏的蛙声，月色落在马头墙上，落在不远处红灯笼下对弈的棋局里，幽幽之间，天地缥缈，再闻蛙鸣，竟会有如幻的感觉。

"吱呀"一声，木门打开，我仿佛又看到了胡适，品罢一盏茶，淡然一笑，一手负在身后，笔锋所至，宣纸上的墨色便扩散开来：

> 当年有个陶渊明，不惜性命只贪酒；
> 骨硬不能深折腰，弃官回来空两手。
> 瓮中无米琴无弦，老妻娇儿赤脚走。
> 先生吟诗自嘲讽，笑指篱边五株柳：
> 看他风里尽低昂，这样腰肢我无有。

这是胡适先生游庐山后写的《陶渊明同他的五柳》，先生问："陶渊明不肯折腰，为什么却爱那最会折腰的柳树？"听完这话，很多人也只能笑笑，不作答复。

诗人的轻吟低唱已远去，空余水流潺潺，清风阵阵。

世间再无陶渊明，却有了一个胡适。

第一章

我从山中来

魂牵梦绕故乡兰

  提到徽州,便不得不提绩溪,那月光一样的小镇,清灰的墙壁,黛色的脊顶,永远的牛角样式,被春的翠绿漫漫掩映着,时隐时现,高高的,深深的,庭院宅第犹如青山里突兀升起的村落仙境。

  胡适先生曾说过:"一个没有徽州人的地方就只是个村落。"我伴着他的脚步,走进了这个古村落——绩溪湖村。村中最吸引我的是那由灰黑的鱼鳞瓦、白色的马头墙组成的沧桑老屋。它们像一群饱经沧桑的智者,在远山近水的背景中静静地看着世事的风云变幻,默默地想着自己的心事,让人不忍心去打搅。仿佛一脚踏进这个如画般的村落,就打破了这个美丽的梦,让这幅静谧的山水画突兀地多出一笔。

  站在村落中,我脚下踩着的是经历了岁月蚀磨的石板。抬头仰望,眼里充满的全是浓浓的绿色,俯身细听,竟可以听见那涧底的泉声。走进高墙重门,穿过堂道,天井奇特的审美构架征服了我的眼球,散落在那儿的一块阳光,有着似醉非醉的朦胧之美。

  水墨绩溪,积淀着文化的厚重。《太平广记》载:因绩溪境内有徽山、徽水、大徽村，徽州因此得名。徽者，美也。一位学者这样形容绩溪："你信步走进一个村落，就会翻动一页历史，随处踩动一块石头，就会触动一个朝代。"

狭长的巷子里，偶尔透出几束阳光，在对面的墙上映出美妙的花纹、梁、枋、斗拱、雀替、隔扇、栏窗，每一样都是精雕细琢，栩栩如生。这一块块素色的原木，做了徽州的建筑，偏就轻灵生动起来，细看之下，仿佛每一块木头都承载了一个温情而厚重的故事。

恢弘的古祠旁，捏一把黑泥土，能溢出千年文化；厚厚的砖墙上，剥一层灰墙土，能闻透百载史香；寂静的乡野里，踏一块青石板，能溅起历史的亘古记忆。

这就是绩溪，水墨画般静谧的小镇。

从绩溪县出发，向西北方向丘陵山地行进一个多小时，就到了上庄村。据说，上庄村有99条巷弄，生人进得来却出不去。好在有本地人指引，一路向东，脚下这条路是粗麻石板铺就，两米多宽，两侧是白墙灰瓦的徽派民居，逼仄而曲折。这条狭窄的石板路如今叫"适之路"。

乡民向我言道：上庄村随斗转星移，村子已非原貌了。历经风吹日晒，房子毕竟也会老朽，包括胡适先生的故居，也几经改造。但唯一未曾"改造"的，就是这条石板铺就的"适之路"了。

踩着脚下的石板，我又一次感受到了那种恍惚，这是童年胡适与小伙伴嬉闹玩耍的小路，是胡适博士回国探母娶亲的返乡之路，是先生成为中国近代文化启蒙运动先驱者的必经之路。至今，它铭刻着胡适先生的脚印，折射着胡适先生的音容。我仿佛看见他，从来世的巷口走来，听风声萧萧、虫鸣戚戚，百无聊赖地哼起了自己的一首词，词云："怕明朝密云遮天，风狂打屋，何处寻你？"

继续上行，穿行于白墙青瓦间，又走了一个之字巷，眼前是一座200多平方米的典型徽派民居，粉墙黛瓦，二层通转楼房（即楼上南、东、西均有走廊通转），砖雕门楼，石砌门框。大门口挂了一块竖牌"胡适故居"。我心一怔，到了。

走进这个院落，里面那种潮湿的气息一下子让我宁静下来，一束光线从天井里直射下来，有种岁月被尘封的感觉。这宅子，是胡适父亲所建。

在徽州人心目中，悠悠万事，唯宗族为大。徽州人逃难，往往一副担子，一头挑的是宗谱，一头挑的是小孩。胡适的父亲胡传就是这样一位挑着宗谱逃难的徽商。在胡传的青年时期，徽州周边地区备受太平军的侵扰，他的第一个妻子就因此而亡；他的第二个妻子在若干年后也因病去世，只给他留下三个儿子三个女儿。

这恐怕是天底下最沉重的打击了，然而这个铁一般的强人却并没有被压垮，于不惑之年，他毅然立志报国，弃商从政。

1889年胡传告假还乡时，结识了胡适的母亲冯顺弟，也是这样一个天吧！梅花未凋尽，芳香的气息飘散在如画的四月里，在巷子的尽头，冯顺弟一条长及腰际的乌黑的发辫，莲步轻移，辫子在腰间款摆，夕阳的余晖泄在她身上，宛若天人……

就这样，两位年龄相差32岁的男女走到了一起，虽然年龄相差悬殊，经历各异，但他们之间真诚的感情使他们短暂的婚姻获得了幸福，胡适便是他们唯一的孩子，胡适出生时，他母亲18岁，父亲50岁。

思绪被喧闹的人声拉回，跟着众人，我看到了12块以兰花为题的木雕饰板，镶嵌在门、厅、窗上，各有主题，或曰"兰花芳香"，或作"空谷幽兰"，且姿态迥异，颇具神韵，堪称精品。据讲解员介绍，这组木雕系当地徽墨刻工高手胡国宾创作，具体的年代不好讲。我仔细看了看，上面依稀还有这样的诗句："珍重韶花惜寸阴，入山仔细为君寻，兰花岂肯依人媚，何幸今朝遇赏音"，"兰为王者香，不与众草伍"；"愫心底事甘寂寥，毕竟空山位置高"。

正读着，耳边响起了熟悉的旋律《兰花草》："我从山中来，带得兰花草。种在小园中，希望花开好。一日望三回，望到花时过……"

旁边有人告诉我，这首前些年风靡一时的台湾校园歌曲，正是改编胡适的《希望》诗谱曲而成的。我在想，胡适一生最喜兰花，君子爱兰为其芳馨，从翩翩少年到文化巨匠，在几十年的人生旅途中，小小兰花草，幽幽兰花香，带给他的又是怎样的影响呢？

徜徉在胡适故居，欣赏着精美的兰花木雕，聆听着《兰花草》的优美旋律，犹如身置兰花丛中，暗香浮动，令人神清气爽，神出天外。

前厅右厢房的墙壁上，悬挂着胡适先生书赠台湾绩溪同乡会的"努力做徽骆驼"的题字卷轴，笔力苍劲有力。这句格言成了胡适终身的追求。一位作家在他的《徽骆驼》书中的扉页上咏诗赞美胡适的骆驼精神："徽州自古无沙漠，咄咄却有徽骆驼。天赋勤劳和勇敢，忠诚坚忍更谦和。"胡适常说："要怎么收获，先那么栽。"

一切都是初见的景致，一切却又那么梦幻，笔墨犹在，斯人已逝，这一颗将黑夜划开一道光亮的大星，转瞬即逝，留给世人的，只有无尽深邃而又曲折的遐想。

出了胡适的故居，向曹家湾山地走去，参观坐落在将军降山的胡家祖坟。那里埋葬着胡适祖父胡奎熙及祖母程氏、父亲胡传及母亲顺弟。

此时夕阳将落，天边留下最后的一抹红，如血似泣。芳草萋萋，孤零零的几个土堆在那里历经沧桑，见证几百年的风云变幻，历史更替。

乡民指着远处的山让我看，问我这座山像什么。我往前头望去，薄雾中看到三座山峰，二低一高，却瞧不出端倪，唯有摇头。乡民缓缓地说，那山因为形似笔架，所以叫笔架山，而胡家祖坟的形状像一把太师椅，正是这神秀山水养育了一个胡适的精灵。

日已暮，雾渐渐浓了起来，众人都散去了，我在胡家祖坟旁流连了一阵，开始返回。山脚下已升起了袅袅炊烟，幽静的烟雨小镇像一个美丽的少妇，渐渐变得温存了起来。转过又一个青石板街，一群下学的孩子从我身边跑去，留下一串童音：

我从山中来，带得兰花草。种在小园中，希望花开好。一日望三回，望到花时过。兰花却依然,芭也无一个……

此时我不禁想问先生:你从山中来,却又去往何处?

最后的儒将

鲁迅先生在《秋夜》中有一段话:"我家门口有两棵树,一棵是枣树,另一棵也是枣树。"我揣摩不透先生的心思,为什么要把两棵树分开来叙述?

在离胡适家乡不远的宏村村口,我又见到了两棵树——不是枣树。

乡民告诉我,这两棵大树,一棵叫枫杨树,当地叫红杨树;一棵叫银杏树,当地叫白果树。这两棵树的树冠形状像一把巨伞,把村口数亩地笼罩在绿荫之中。

宏村因形似一头卧着的牛,所以也叫伏牛村。那巍峨苍翠的雷岗山冈当为牛首,这两株参天古木便是牛角,由东而西错落有致的民居群宛如宠大的牛躯。以村西北一溪凿圳绕屋过户,九曲十弯的水渠,聚村中天然泉水汇合蓄成一口半月形的池塘,形如牛肠和牛胃。水渠最后注入村南的湖泊——南湖,又称牛肚。村民们又在绕村溪河上先后架起了四座桥梁,作为牛腿。

我去宏村的时候,恰逢村中高寿老翁辞世,一大群人排着长队,抬着寿棺绕着白果树转圈。最前头是一个白发苍苍的老人,脸上一道道刀刻般的皱纹,满满全是岁月斑驳的痕迹。他一边焚着香,一边念着经文,祈祷给死者永久的安息。

这个场面其实是一个仪式,一个灵魂升天的过程。

而那棵白果树,则是村里的风水树,能把死者的灵魂带到天堂。

转一圈,便能消除一番业障,脱离轮回的苦难。

那棵树上栖息的鸟，被他们认为是离天堂最近的神鸟，能指引人的灵魂到达天堂。所以他们从来不打鸟，相反在雪后鸟儿无处觅食的时候，还会给它们食物。

绕着树转一圈一圈，这其实是人生走的最后一段路。

这是一个古老的仪式，严肃得像一则寓言。

此时我不由想起了胡传，那个笃信宋儒的清末正统一派文人，他的路，也快走完了。

胡传与冯顺弟婚后的第二年，就被派为淞沪厘卡总巡，冯顺弟也跟了过去，就在这年12月17日，胡适出生。胡适出生两个月后，胡传被调往台湾。他在1892年3月启程赴台，把妻子和才两个月大的儿子留在上海，在那里一住就是一年。一直等到胡传被任命为台南盐务总局提调以后，顺弟才带着胡适，在四叔、二哥、三哥的照应下，于1893年4月到台南和胡传团聚。

这时，已年过52岁的胡传和年仅20岁的妻子冯顺弟，以及两岁多的胡适，才在台南"道署"过上了几天一家三口的天伦之乐。

胡适在后来回忆说："我小时候很受父亲钟爱，不满3岁时候，他就用教我母亲的红纸方字教我认。父亲做教师，母亲便在旁做助教。我认的生字，她便借此温她的熟字。他太忙时，她就是代理教师。我们离开台湾时，她认得了近千字，我也认了七百多字。这些方字都是我父亲亲手写的楷字，我母亲终身保存着。因为这些方块红笺上都是我们三个人的最神圣的团聚生活纪念。"

1894年，中日甲午战争爆发。2月，胡传请他的四叔把顺弟和胡适送回家乡上庄村。

随后，胡传病了，被刘永福护送回厦门，暂住于厦门的三仙馆。10天后，1895年8月22日凌晨子时，胡传含泪逝世，死于时疫。

胡传死的时候54岁，顺弟则3个月前才刚满22岁。胡适在《四十自述》里说："这时候我只有三岁零八个月。我仿佛记得我父死信到家时，我母亲正在家中老屋的前堂，她坐在房门口的椅子上。她听见读信人读到我父亲的死信，身子往后一倒，连椅子倒在房门槛上。东边房门口坐的珍伯母也放声大哭起来。一时满屋都是哭声，我只觉得天地都翻覆了！"

胡传，大号胡铁花，当然，他不是古龙小说里的落魄大侠，楚留香的好友胡铁花，而是中过秀才、当过知州的胡铁花。他真正闻名于世的身份是诗人，但他不甘心做个文人，他前往京师寻找报国机会，又怀揣一封介绍书，走了42天到达吉林，面见钦差大臣吴大澂。吴大澂好奇地接纳了他。当时台湾刚建省，在朝廷大臣心目中是个瘴疠蛮荒的苦地。胡传却主动请缨，离开怀孕待产的妻子，来不及看一眼新生爱子，就踏上了茫茫海路。

胡传到达台湾的时候，首任巡抚刘铭传的改革，已经人去政亡。胡传穷尽心血写下了第一部《全台兵备志》。三年后，中日甲午战争打响，胡传征募兵勇、守卫台东，无奈光绪皇帝下旨"将台湾交接日本"。胡传拒绝奉旨，做出封建文人最大的反抗举动。他四处奔走，募兵保台，又徒步行走到台南，面见黑旗军老将刘永福，以书生之身要求参战，成为统领。

胡传病后，已不能动笔，落寞的诗人只能在黑暗的午夜里，躺倒在厦门的风浪声中。我无法想象，一个一心为国的铁血汉子，躺在冰冷的床上，遥想着娇妻幼子倚门而望，他的眼中满涌的是怎样坚硬如冰的泪水。是失意诗人的泪水，是丧失国土的官员的泪水，还是一个丈夫和父亲的泪水？

胡传死时，是日军攻占八卦山的第二天。据说他去世时无言气喘、手足俱僵，死得无声而痛苦，当时没有一个亲人在他的身边。后来，台东父老为了纪念这位州官，特别把火车站前的光复路改为"铁花路"，并将鲤鱼山忠烈祠旁日人遗留的"忠魂碑"改为"胡传纪念碑"。

胡传的家乡至今还流传着他战死沙场的传奇，也许战死是胡传最美丽的神话。他壮硕的身躯，停歇在南国的红色土地上，仿佛关于历史和未来的无字之书。

胡适曾谦逊自己不会写诗，《尝试集》那类白话诗也确不以文采见长。但胡适的父亲胡传，却是个不折不扣的诗人。我读过他的诗，大气磅礴，狂傲而热烈，在万马齐喑的晚清，应该是飞扬跋扈的：

严华世界，任凭我踏遍云山千叠。瘴雾蛮烟，笼不住猛虎磨牙吮血。试问当年，英雄几辈，学班超探穴？寒光射斗，看来辜负长铗。

只当竹仗芒鞋，寻常游览，吟弄风和月。圆峤方壶都在望，无奈海天空阔。浪拍澎湖，秋涵鹿儿，应笑重来客。那堪骊唱，正逢重九时节。

一枝初绽的铁花，迎风斗雪斜插这座宝岛上，被寒风凛冽冻疼的心情，悄悄地有了温度，扯出一段故事的开端，却又很快有了结尾。大江东去，这位侠儒的风骨，却透过历史和空间的间隔，影响着后人。

仰视飞云天外起，酒酣愁听大风歌。

胡传，最后的儒将……

僧道无缘

在上庄村口闲逛，我无意中看到了一个别开生面的游戏——掷硬币。

五六个孩子，在空地上放了一块青砖，然后各自拿出一枚硬币，纷纷往砖头上投去。只听得见叮当之响，硬币掷在砖头上，一碰老高，随即滴溜溜在地上转动，宛若飞转的小轮子滚出好远。而那些没掷中砖头的小孩则气鼓鼓地拿起自己的硬币，等待下一局。

各自掷完后，大家以砖头为圆心，分出硬币的远近距离。最远的为第一名，依此类推。掷到最远的人，已立于不败之地，即使赢不了别人的钱，至少可以全身而退。第一名最先出手，他拿起手中的硬币，朝第二名砸去，如果砸中了，第二名的硬币便收入他囊中了，并可依法炮制，去砸第三名的硬币，这样一直砸下去。如果砸不中，则由第二名去砸第三名，砸中的话则继续，砸不中则轮到第三名……如此循环，直至分出胜负为止。

听闻胡适小时候最擅长这种游戏，从不落败，只是那时候掷的是铜钱。

胡传去世后，冯顺弟对幼小的胡适说："我这一生中只知有此一个完全的人，你不能跌他的股。"即不能丢他的脸。她对丈夫的崇拜和敬爱使她在未来的岁月里竭尽所能，完全按照胡传的遗嘱去培养自己的儿子，让"天资聪明"的胡适可以完成"读书"的任务。

胡适跟他母亲在1895年3月中旬从台湾经上海回到绩溪以后，母亲就让他入塾读书了。当时他才满三岁四个月，连七八寸的门槛都跨不过。被抱上学堂的高凳子上面，自己就爬不下来，还得要人家抱他下来。可是，胡适的程度并不低，因为他从台湾回来的时候，已经在父亲的教导、母亲的助教之下，认得七八百字了。

与私塾其他学生不同的是，别人家学费只有二块银洋，胡适的母亲却付给先生六块银洋，而附加条件就是坚持让老师把胡适所学的经文单独释义给他听。胡适因此受益匪浅，他之所以能在很小的年龄就在儒学教育的标准经文之外自学了其他文献，特别是阅批《资治通鉴》这样宏大的历史著作，除了天资的聪颖，还离不开当年老师给开的"小灶"，离不开母亲为他支付的高额学费。

胡传是绩溪有名的"治朴学，工吟咏"的学者，耳熏目染，胡适从小就具备了汉学的流风遗韵，加上他自幼就有演讲口才，常把读过的小说变成白话故事讲给乡邻们听，因胡适小名"穈儿"，渐渐地，他便得了一个"穈先生"的雅号。

有一次他在屋门口和一班孩子掷铜钱，一位本家长辈走过，笑说道："先生也掷铜钱吗？"胡适听了竟羞愧得面红耳热，觉得大失了"先生"的身份。从此便不玩掷铜钱的游戏了。

胡传是当时著名的程朱理学大家，自然是无神论者，他曾在河南郑州办河

工时,看见河工祀典,于是嘲讽道:

> 纷纷歌舞赛蛇虫,酒醴牲牢告洁丰。
> 果有神灵来护佑,天寒何故不临工?

胡传走后,胡家大门上"僧道无缘"的条子渐渐由大红褪变成了白色,后来完全剥落了,英魂远去,阴云渺渺,大宅子里弥漫着一股萎靡的迷信之风。

孩提时的胡适,常听一些信佛老太太讲目连救母游地府、妙庄王的公主出家修行等故事,于是他满脑子里装的都是这些景象:轮回、地狱、恶魔……

在女眷狂热的宗教信仰之下,稚嫩不懂事的胡适害怕死后被打入十八层地狱,也害怕来世变猪变狗。于是虔诚地跟着这些女眷依样画葫芦,人家烧香,他就跟着烧香;人家拜跪,他就跟着拜跪。

直到有一天胡适温习朱子的《小学》,念到了一段司马温公的家训,其中有论地狱的话:

形既朽灭,神亦飘散,虽有锉烧舂磨,亦无所施……

胡适忽然恍然大悟,牛头马面、十八层地狱、刀山油锅这些景象瞬间从他眼前散去。地藏王菩萨把锡杖一指,地狱之门被打开了,阳光照了进来。从此胡适就成了一个无神论者。

就像胡适二十年之后回忆道:

二十年前,
我跟我母亲上古塘去烧香,
回家时,我偶然读到一个古人的两句话,
这两句话狠打动了我的思想。
这两句话使我不信鬼,
也不信什么天帝——

我这二十年的宗教观，

都是从这两句话做起。

元宵节晚上，狮灯龙灯，热闹非常，来看灯的客人很多。胡适乘客多的风头也喝了几杯烧酒，晚间被凉风一吹，竟有些醉了，他借着酒劲，跑到大门外，喊着："月亮月亮，下来看灯！"引得左邻右舍的人不去看龙灯，都提着灯笼前来看他。

胡适的母亲见此情景又急又怕，把他连抱带拖拖进房里去，正不知如何是好，这时有一个长工说，"怕是得罪了神道，神道怪下来了"。胡适此时其实心里明白，正担心酗酒闹事受母亲责罚，听到那长工的话便计上心来，大说疯话，越闹越凶，装着真有神鬼附在身上一般。胡适的母亲急得没法子，急忙洗手焚香，祷告三门亭神道，请求宽恕无知的孩童，又许愿病好以后亲自到三门亭神道前烧香还愿。

一个月后，母亲当真带着胡适去三门亭还愿了；她拿出钱来，在外婆家办了猪头供献，备了香烛纸钱。胡适不敢违抗母命，只好恭恭敬敬地在神像面前跪拜，受到了一场"比挨打还更难为情的责罚"。

14年后，胡适学成返乡时，才敢对母亲说出那一年元宵节附在他身上胡闹的并不是三门亭的神道，就是他自己。母亲听后愣了一下，随后母子二人相视而笑。

梅溪走出个新青年

走访梅溪，丽日蓝天。

一走进梅溪风景区，三座高大的牌坊矗立眼前，这三座牌坊都用花岗岩建造，凿有瑞兽、花果、人物、书法和八仙图案，巍峨壮观雕刻精美，顶部呈火焰形，为中国传统牌坊中罕见。石雕上所展现出来的景致和故事，与村里的凉亭、山川、田园、屋宇等景色交相辉映。

泛黄的牌坊上，篆刻着一个名人的丰功伟绩，历经风雨的洗刷，它所承载的荣耀依然清晰，他的名字叫陈芳。

1886年，在檀香山的陈芳从报章家书中得知，远在太平洋彼岸的故国正遭遇着水灾，房屋倒塌、农田被浸、饥民哭声遍野。于是他毫不犹豫地解囊嘉惠，捐出巨款数千银元回国。当时的光绪皇帝和慈禧太后等得知后，在陈芳梅溪故居御赐"乐善好施"石牌坊，镶悬"圣旨"，以表彰陈芳。

当陈芳退休从夏威夷回到梅溪村后，兴建了新的官邸，开始为家乡造福。陈芳不忘桑梓乡亲，捐款赈灾，乐善好施，扶危济困，整理村容，修桥整路，兴办义学，热心于家乡的建设。其义举良行得到了广大群众赞扬，声名传遍朝野。在1891年时，光绪皇帝再次下旨御赐两座"急公好义"题额之石质旌碑牌楼，同样镶悬"圣旨"以铭嘉奖。

巍巍石牌坊，经历了岁月的风风雨雨，至今依然屹立。牌坊上的"圣旨"、"乐善好施"字样依然清晰，让过去的历史恍然间又重现于今世。石牌坊永远记载着这位龙的传人普济众生的善举。

"乐善好施""急公好义"，是陈芳一生的写照。

一场新雨初晴，梅溪河水澄碧透明，像一条绿色的缎带。

我此次来梅溪，为的是寻找胡适先生曾经求学过的地方——梅溪学堂。

1904年春天，胡适告别了母亲和家乡，跟随他的三哥到上海去求学。从此，母子一别便是长长的13年，其间相聚，包括胡适回家完婚在内，总共不过四五个月。

胡适这样回忆当年辞别母亲的情形："她只有我一个人，只因为爱我太深，望我太切，所以她硬起心肠，送我向远地去求学。临别的时候，她装出很高兴的样子，不曾掉一滴眼泪。"

梅溪学堂，是胡传最佩服的一个朋友张焕纶先生一手创办的学堂。

胡适由于不懂上海话，又没有做过文章，所以被编在第五班，即最低年级的倒数第二班里。

一日，五班教国文的沈先生讲到课文中一段引文："传曰，二人同心，其利断金。同心之言，其臭如兰。"随口说这个"传"就是《左传》，引文是《左传》上的话。

胡适听完，心里暗暗吃惊，先生这不讲错了吗？然而他却没敢立即指出，而是等到先生讲完经下课后，拿着书到先生桌子边，用半生不熟的上海话低声对沈先生说：这个"传曰"是《易经》里的《系辞传》，不是《左传》。

先生听完微微一愣，用惊异的眼光望着这个穿着蓝呢夹袍，外罩绛色呢大袖马褂，留着一条小辫子的瘦弱学生，脸有些红了。

于是就有了下面的谈话：

"你读过《易经》吗？"

"读过。"

"你还读过什么书？"

"读过《诗经》《书经》《礼记》。"

"做过文章吗？"

"没有。"

"我出个题目，你试着做做。"

沈先生出的题目叫《孝弟说》。胡适回到座位上，勉勉强强写出了一百多个字，先生看了看，点头说："你跟我来。"

走到第二班的课堂，沈先生附耳跟那个班的老师顾先生说了几句话，顾先生便将胡适安排到末一排桌子坐下了。就这样简单，胡适在一天内升级了3个班，即从二年级跳到了五年级。

胡适激动的心情还没平复，笑容就僵在了脸上。

黑板上写着两个作文题目：

论题：原日本之所由强。

经义题：古之为关也将以御暴，今之为关也将以为暴。

日本在天南，还是海北？胡适不知道；经义题是八股考试的题目，胡适也从未接触过。

正在为难之际，胡适家在上海开的"公义油栈"店里派人来学校，告诉他三哥病危。就这样，胡适收了课本，匆匆逃出了学堂。

胡适赶到店里不到几个小时，三哥就断了气。第二天，二哥从汉口店里赶来料理丧事，胡适将他作文的苦恼告诉了二哥。二哥听罢，立即找了《明治维新三十年史》《壬寅新民丛报汇编》一类的书装了一大篮，叫他回去认真阅读。

胡适回到梅溪学堂后，花了几天工夫，竟然把"原日本之所由强"那篇论文写成了。过了没多久，"经义"也会做了。又过了几个月，胡适升到了学堂的最高班六年级，成了梅溪学堂的佼佼者。

几天后，胡适发现了"新大陆"，同学不知道从哪里借来了一本邹容写的《革命军》，薄薄的一个本子，书前印着著名革命家章太炎写的序，全书约两万来字，用浅近通俗的语言宣传反对清廷专制，鼓吹"独立自由"和建立"中华共和国"。

胡适等人看完之后深受启发，但由于书是借的，不日便得还，于是他们连夜将书抄了一遍。

就在这一年，上海《时报》上登出了两个重大案件：一件是革命党万福华在租界内枪击联俄派广西巡抚王之春；一件是上海黄浦滩上一个宁波木匠周生有被一个俄国水兵无故砍杀，而上海道袁海观大人是亲俄派，对这个案子徇私舞弊，引起公众强烈的不满。胡适回忆说："尤其是那年新出现的《时报》，天天用简短沉痛的时评替周生有喊冤，攻击上海的官厅。我们少年人初读这种短评，没有一个不受刺激的。周生有案的判决使许多人失望。我和王言郑璋三个人都恨极了上海道袁海观，所以联合写了一封长信去痛骂他。"

随即胡适和另外三名同学被选拔去上海道台衙门参加会考，他们不约而同地拒绝到官厅去应试，不等考试日期到就都离开梅溪学堂了。

如今，梅溪学堂早已成为历史，不复存在了，原址上建起了梅溪小学。至今这里还有一条名为"梅溪弄"的小巷。传说每当夜间，人们走到此地，常可听到朗朗读书声。

几个月后，胡适坐在了澄衷学堂的教室里。

这次黑板上的作文题目是："物竞天择，适者生存，试申其义"。

很明显，这是严复译《天演论》里面的句子。胡适后来回忆道："中国在屡次战败之后，在庚子、辛丑大耻辱之后，这个'优胜劣汰，适者生存'的公式确是一种当头棒喝，给了无数人一种绝大的刺激。几年之中，这种思想像野火一样，延烧着许多少年青人的心血。"

这篇作文引起了一股改名字的风潮，有人改名孙竞存，有人改名杨天择。

胡适也想改名字，他之前在学堂里的名字是胡洪骍。

一日早晨，胡适请正在洗脸的二哥代他想一个表字。二哥一面擦脸一面说："就用'物竞天择，适者生存'的'适'如何？"

胡适听了喜不自胜，他的字便定下来了。因他的二哥字绍之，三哥字振之，于是他就在"适"下加一"之"，叫"适之"。

胡适之，中国文坛一颗清亮的大星冉冉升起。

在澄衷学堂，对胡适影响最大的还有两本书：《中国学术思想变迁之大势》和《新民说》，这两本著作者都有一个响当当的名字：梁启超。

胡适说他那时"受了梁先生无穷的恩惠"。然而梁启超先生的《中国学术思想变迁之大势》并没有写完，只是一部虎头蛇尾、缺章缺节的未竟论著。于是胡适突发野心，心想："我将来若能替梁任公先生补作这几章缺了的中国学术思想史，岂不是很光荣的事业？"

从此时开始，胡适就暗下决心，留心读先秦百家诸子的书，做起他的旷世大作《中国哲学史大纲》的准备工作来了。后来他遂愿了，很可惜，这部学术著作只写了上部。他的另外几部极有学术分量的著作，如《中国白话文学史》《中国禅宗史》，也只出了上卷。

"上卷先生"的雅号便由此而来。

可惜"上卷先生"并没有在澄衷学堂待到毕业，他在第二班当班长的时候，班上一个与他相交甚密的同学被校方开除，他为之打不平，向白振民总教，向校长提出书面抗议。白振民虽然爱惜胡适，这时也被激怒了，于是悬牌警告胡适，并记大过一次。胡适忿忿不平，恰好创办才半年的令人耳目一新的中国公学招考，他应考后被录取，于是在1906年暑假，他离开了澄衷学堂。

用一个很时髦的词，这叫做：肄业。

"仰天大笑出门去，我辈岂是蓬蒿人。"李白如是说。

少年诗人

"前世不修，生在徽州，十三四岁，往外一丢。"

这是当地人的一句俗语，徽州人家的男孩子十三四岁就被赶出家门去做工经商，不混个光宗耀祖不能回来，期间吃的苦受的累又有何人能知晓。有头脑的学做生意赚了，飞黄腾达，衣锦还乡：修宗祠，建住宅，光宗耀祖，一家人以你为荣。失败的，流落街头，客死他乡，无人问津。

从那时起徽州商人只有一个信念，一定要成功，并影响到中国明清两代商界五六百年，以至于无徽不成镇，无徽不成商。

徽州人出外，到上海求学或经商谋生，往往因"水土不驯"生脚气病，病时双脚肿胀，严重的四肢不能动弹，甚至丧命。据病情看大约是一种风湿病。胡适的父亲胡传就死在这个病上。

胡适考入的中国公学是清末留日的中国学生回上海创办的。1905年11月2日，日本政府文部省颁布了"取缔清国留学生规则"，我留日学生认为是侮辱中国，便议决罢课抗议，全体归国。当时回到上海的留日学生多达三千余人，遂发起筹创一个理想的学校，使大家能继续学业。于是1905年12月经13省的代表议决，定名为中国公学，实质上堪称中国第一所私立大学。1906年春租上海北四川路横浜桥北首的民房为校舍，便正式开学了。

胡适搬进这个学校，看那些同学有的剪了辫子，穿着和服，拖一双木屐，一身日本装束，有的戴着眼镜，捧着个水烟袋，完全是内地绅士气派。他们的年纪都比胡适大，有许多人是革命党，如教师于右任、马君武、沈云翔，学生但懋辛、熊克武、饶铺廷等，都是同盟会的中坚分子。胡适在中国公学受革命熏陶是必然的，但那些年长的同学都很爱护年方十六七岁的胡适，没有去剪他盘在头上的小辫子，也没有动员他加入同盟会。

胡适同寝室有一个人叫钟文恢，因他留了一撮小胡子，所以外号叫胡子。他组织了一个竞业学会，会址就在离学校不远的北四川路厚福里。钟胡子是会长，他见胡适常看小说，又能作文，便介绍胡适入了会。

竞业学会创办了一个白话版的旬报——《竞业旬报》。首任主编傅君剑言道"旬报"宗旨有四：一振兴教育，二提倡民气，三改良社会，四主张自治。其实这都是门面上的话，骨子里是在鼓吹革命。

胡适入会后，便向《竞业旬报》投稿，第一篇文章是白话文《地理学》，讲述一些通俗的地理学知识。后来他成了《竞业旬报》的作者，开始写小说传记、诗词、社论、时评、杂谈、新闻等。

在《竞业旬报》这片天地里，胡适自由地驰骋，后来他回忆这段时光："我不知道我那几十篇文字在当时有什么影响，但我知道这一年多的训练给了我自己绝大的好处。白话文从此成了我的一种工具。七八年之后，这件工具使我能够在中国文学革命的运动里做一个开路的工人。"

进中国公学不到半年，胡适就得了脚气病。知道厉害的他不敢耽搁，马上向学堂请假，回上海南市他家里开的瑞兴泰茶叶店养病。

闲居在家的胡适百无聊赖，于是便找书来消遣，他偶然找到一种古文读本，是清末桐城派最后一位散文家吴汝纶编的，其中第四本全是古诗歌。胡适对这本古诗大感兴趣，病中每天读几首，觉得比小时候读的那些律诗有味得多，又不必死讲对仗，自由多了。他像发现了一个新大陆般喜不自胜，慢慢地，胡适也开始学着作诗了。

胡适这样回忆道：

有一天，我回学堂去，路过《竞业旬报》社，我进去看傅君剑，他说不久就要回湖南去了。我回到了宿舍，写了一首送别诗，自己带给君剑，问他像不像诗。这诗我记不得了，只记得开端是"我以何因缘，得交傅君剑"。君剑很夸奖我的送别诗，但我终有点不自信。过了一天，他送了一首《留别适之即和赠别之作》来，用日本卷笺写好，我打开一看，真吓了一跳，他诗中有"天下英雄君与我，文章知己友兼师"两句，在我这刚满15岁的小孩子的眼里，这真是受宠若惊了！"难道他是说谎话哄小孩子吗？"我忍不住这样想。君剑这幅诗笺，我赶快藏了，不敢给人看。然而他这两句鼓励小孩子的话可害苦我了，从此以后，我就发愤读诗、写诗，想要做个诗人了。

初学作诗的胡适显然不明白诗韵是什么，他最初写诗，只是依照绩溪的乡音，吟起来是同韵便算押韵。在一次全班同学游西湖的时候，他写了一首绝句，只押了两个韵脚。懂诗的师友们看了不禁哑然失笑，并帮他改了改，成了一首韵目合格的诗，但原意已经变了很多。对此他很反感，他不满于用典和限韵，觉得牺牲诗的意思来迁就诗的韵脚是很荒唐的。

他在游西湖时作了另一首诗名曰《西湖钱王祠》：

步出涌金门，买舟钱祠去。

潋艳西湖水，惨澹前朝树。

江潮尚依然，盛业归何处？

怀古伤今之情，跃然纸上。

还有他的另外一首送别诗：

> 北风烈烈雪霏霏，大好河山式已微。
> 满眼风尘满眼泪，夕阳影里送君归。
> 老骥犹怜志未磨，干戈声里唱骊歌。
> 尽多亡国漂零恨，此去应先吊汨罗。
>
> ——《送石蕴山归湘》

从诗中来看，这位石蕴山恐怕要比胡适大出好多，但两人忧国忧民的情怀，却是相通的。这首诗情真意切，已经深谙门道了。

胡适写诗着了魔，病好了回去上课的时候，先生在黑板上写高等代数的算式，他却在大代数教本底下翻《诗韵合璧》，练习本上写的也不是算式，而是诗。

第二年，胡适的脚气病复发，不得已又得返回家乡养病，因为根据徽州人的经验，只要走到钱塘江的上游，脚肿便会渐渐消去。

胡适回家住了两个多月，却渐渐迷上了白居易。在此期间他常常同族叔兼好友胡近仁相互切磋品诗，写了大量很有韵味的诗。《弃父行》就是其中的代表作：

> "富易交，贵易妻"，不闻富贵父子离。
> 商人三十初生子，提携鞠养恩无比。
> 儿生七岁始受书，十载功成作秀士。
> 明年为儿娶佳妇，五年添孙不知数。
> 阿翁对此增烦忧，白头万里经商去。
> 秀才设帐还授徒，修脯不足赡妻孥。

秀才新妇出名门，阿母怜如掌上珍。
掌上珍，今失所，婿不自立母酸楚。
检点奁中五百金，珍重携将与息女。
夫婿得此愁颜开，睥睨亲属如尘埃。
持金重息贷邻里，三年子财如母财。
尔时阿翁时不利，经营惨淡终颠踬。
关河真令鬓毛摧，岁月频催齿牙坠。
穷愁潦倒重归来，归来子女相嫌猜。
私谓"阿翁老不死，穷年坐食胡为哉！"
阿翁衰老思梁肉，买肉归来子妇哭：
"自古男儿贵自立，阿翁恃子宁非辱？"
翁闻斯言勃然怒，毕世劬劳徒自误。
从今识得养儿乐，出门老死他乡去。

本诗完全是模仿白居易的诗体写成，通俗易懂，一股悲愤之情溢于纸上，显得沧桑厚重。老人为了给儿子积攒钱财，改善拮据的生活，一大把年纪出外经商。谁知生意没做好，反倒赔了本，穷困潦倒地回来，于是引发了一场伦理悲剧。

此时，我忽然想起了胡适的母亲，那个上庄镇的小脚女人。23岁失去丈夫，守寡23年，含辛茹苦、忍耐宽厚、谨慎调度地做胡氏这个大家庭的家长。胡适在这首《弃父行》中明着是写别人抛弃父亲的无情，暗里却夹杂着许多自己年少就离开母亲的无奈，无法常伴母亲身边，颐养天年。

胡适写道："我母亲二十三岁做了寡妇，又是当家的后母。这种生活的痛苦，我的笨笔写不出一万分之一二。"胡传前妻所生的几个儿子的年龄都比她大，当家的是老二，小到吃一块豆腐干，大到让胡适外出求学，都须看这老二的脸色，更不用说夹在几个媳妇的吵闹中，受不完的那些夹板气。

胡适写他母亲隐忍，直到忍无可忍，也不过是"这一天的天明时，她便不起，轻轻地哭一场。她不骂一个人，只哭她的丈夫，哭她自己苦命，留不住她丈夫来照管她。她先哭时，声音很低，渐渐哭出声来"。

这一场哭也能使媳妇们安生个一两个月，但以恸哭换来片刻安宁，这样的命运，想来已是惨淡，胡适既为儿子，又为目睹者，心中的痛楚必然难以形容。

成了名教授、大学者、博士后，胡适发出肺腑之声："这是我的严师！我的慈母！"

西台行

船在码头靠岸，我便见到一块石碑，上面书云：

逃却高名远俗尘，披裘泽畔独垂纶。

千秋一个刘文叔，记得微时有故人。

站在这块石碑前，我知道严子陵钓台到了。

《后汉书》记载：严氏名光，字子陵，本姓庄，因避显宗讳，遂称严氏。他博学多才，少有高名，曾与刘秀同游学，自刘秀即帝位后便改名换姓，隐身不见。刘秀出于对同窗好友的思念，命画工绘像并派人四处寻访，了解其下落后往返三次才召其入京，许以谏议大夫之职，严坚辞不就，来到"清丽奇绝、锦峰秀岭"的富春山耕田垂钓，终身不仕。为此，后人多慕其贤，称此处为"严子陵钓台"。

钓台分为东西两处，在登山石径岔道上有"双清亭"，民国年间所建，亭联为："登钓台南望，神怡心旷；想先生之风，山高水长"。东台为严子陵垂钓处，有巨石如笋，传为严子陵以此支撑垂竿，石亭为乾隆年建，甚古朴。侧有平台如矶，在此远眺，青山拥春江，俨如画卷。

来这里的游客千千万，却很少有人去西台，据说连许多作家和诗人也不上去，他们的作品只是在山脚游玩后或乘船经过钓台时有所感而写成的，因为上去需走不近的一段路。

果然，山路曲折而陡峭，路上冷冷清清，除了鸟鸣水声之外，更无其他声音。不一会儿，西台便到了。西台亦称谢翱台，南宋遗民谢翱于元至元二十六年在此面北长歌当哭，奠祭爱国英雄文天祥。其间昏倒三次，歌毕竹石俱碎。石亭上有联云："生为信国流离客，死结严陵寂寞邻。"

谢翱死后，葬于钓台之南。后人对谢翱义举相当敬佩，因称"东西钓台，名垂千古"，就这样，严子陵钓台被谢翱分去了半壁江山。

我站的这个地方，当年胡适也来过。

胡适养好病回上海的途中，游览了钓台和西台，看到隐居高士严子陵的钓台之下游人甚多，而爱国文人谢翱的西台那边却是冷清不堪，好像人们都把他恸哭过文天祥的事迹忘了。

胡适感慨万千，写了一首《西台行》：

富春江上烟树里，石磴嵯峨相对峙。
西为西台东钓台，东属严家西谢氏。
子陵垂钓自优游，旷观天下如敝屣。
皋羽登临曾恸哭，伤哉爱国情靡已。
如今客自桐江来，不拜西台拜钓台。
人心趋向乃如此，天下事尚可为哉！

这不是胡适写的第一首咏怀古迹的诗，但褒贬古人却是第一次。这首诗明显贬严尊谢，对严子陵避世隐退的消极做法大加排斥；而对谢翱积极入世、忧国忧民的行为表示了很高的敬意。但这诗论理气太浓，也正是他早期诗作的一种偏向。

值得一提的是，胡适的二哥胡嗣矫也写过一首《西台》诗：

不见伤心人，但见伤心处。
世事几沧桑，白云自来去。

诗中虽有"伤心"的词句，却也豪迈，胸怀气度，都比当时的胡适豁达得多了。

胡适作诗上了瘾，以后到什么地方游览都要作诗，读了什么好书也作诗，照像、送朋友做诗，喝酒、捧戏子也作诗。渐渐地，"少年诗人"的名号便越叫越响。

胡适等人游长江，看到江面上的游艇上飘扬的皆是列强的国旗，不觉悲从中来：

江上如此，人力何如矣。遥望水天接处，青一缕，好山水。看龙舟快驰往来天堑地，时见国旗飘举。但不见，黄龙耳。

胡适有一个中州来的同学叫鲁楚玉，他的一个乡友程毅由于秋瑾的案子遭到株连，被关进了监狱。鲁楚玉为了救他出狱，一方面全力筹备资金，一方面来回奔走营救。鲁楚玉是中国公学的学生，而他的乡友却被关在中州。鲁楚玉时常住两地之间奔走，风雨无阻。而就在案子到了最后裁决的时候，程毅却离奇地死在了狱中。程毅死后，鲁楚玉竭尽全力处理善后事宜，从未懈怠。

胡适因钦佩鲁楚玉的侠肝义胆，写了首《赠鲁楚玉》，诗云：

中州有义士，慷慨一夷门。
千里赴急难，何须说报恩？

可怜山阴道，黑狱埋冤魂。
君志乃不遂，天道亦何言。
相见一叹息，青衫有泪痕。
世风日已下，古道日已沦。
谁为患难交？翻手成雨云。
谁复如吾子，论交到九原。
耿耿此心在，滔滔吾道存。
拂衣愿同调，碌碌安足论？

胡适的另一首诗，满含着人生沧桑变幻的无奈，诗名《秋柳》，诗有序云：

秋日适野，见万木皆有衰意。而柳以弱质，际兹高秋，独能迎风而舞，意态自如。岂老氏所谓能以弱者存耶？感而赋之。

全诗如下：

但见萧飕万木摧，尚余垂柳拂人来。
西风莫笑长条弱，也向西风舞一回。

胡适非常喜欢自己的这首诗，多少年后，他还把这首诗讲给美国女友韦莲司听，又书赠日本友人泽田吾一，并说："庚戌以前所作诗词，一一都宜删弃，独此28字，或不无可存之价值。"可见对其爱之深。

当年跟胡适一起论诗，后来又在美国留学期间同胡适做同学的任鸿隽这样评价胡适：

我昔识适之，海上之公学。

> 同班多英俊，君独露头角。

"同班多英俊，君独露头角。"这就是中国公学里意气风发的胡适。

铁门里的落魄客

铁门"哐啷"一声打开了，里面走出一个蓬头垢面的人，只穿了一只鞋子，身上全是泥水，脸上还有淤青。

他先在水龙头底下洗了洗脸，冰冷的水渗进了脸上的伤口，顿时清醒了许多。

他被带上了堂，写字台桌后面坐着个警长打扮的人，底下站着三四个巡警。

警长指着他问："就是这个人？"

"就是他。"一个巡警回答道。

"你说下去。"

那浑身泥污的巡捕说："昨夜快12点钟时候，我在海宁路上班，雨下的正大。忽然他走来了，手里拿着一只皮鞋，敲着墙头，狄托狄托的响。我拿巡捕灯一照，他开口就骂。"

"骂什么？"

"他骂'外国奴才'！我看他喝醉了，怕他闯祸，要带他到巡捕房来。他就用皮鞋打我，我手里有灯，抓不住他，被他打了好几下。后来我抱住他，抢了他的鞋子，他就和我打起来了。……两个人在泥水里打滚。我的灯也打碎了，身上脸上都被他打了。他脸上的伤是在石头上擦破了皮。我吹叫子，唤住了一部空马车，两个车伕帮我捉住他，关在马车里，才能把他送进来……"

警长听完点点头，向底下站着的那个年轻人问道："你叫什么名字？"

"胡适。"

公堂审讯的结果，胡适以酗酒闹事、殴伤巡捕，被罚款五元后释放回家。

胡适回到宿处，解开衣服，里面汗水与雨水、污水将裹身的小棉袄裤湿透了，热气腾腾。幸好一位邻居四川徐医师关心，给他下猛药，重重地泻了几天，以解除湿气。但是后来，胡适的手指和手腕上还是发了四块肿毒。

这就是1909年冬胡适堕落的话剧，而这，仅仅只是一幕。

此时的胡适已经不在中国公学了，中国公学因经费拮据难以为继，所以同中国新学会合并，好多学生都转入了中国新学会。一年后新学会解散，胡适不愿回家，只好在上海飘零。

其实胡适还有另一个苦衷：远在绩溪的家庭已经破败不堪，大哥、二哥和母亲分家。其实家中本来就没有什么产业，分开来，每人也不过得到几亩田地，一两间房子而已。

胡适的心境就像他在一首律诗中所说：

凄凉看日落，萧瑟听风鸣。
应有天涯感，无望城下盟！

好在他的中国公学英文老师王云五好意推荐他到华童公学做国文教师，有了一笔固定收入。这样胡适总算在上海住了下来。

物以类聚，人以群分。同胡适一道退学的人都与革命党有些关系。时逢黄兴广州起义失败，接着汪精卫谋炸摄政王载沣失败，以及早两年的钦州起义失败、河口起义失败、安庆起义失败，这些人中弥漫着悲观、失望的情绪，爱发牢骚，行为不检点。就在他们苦闷彷徨的时候，结识了一个"浪漫的朋友"。

此人叫做何德梅，原是中国新公学的教员。他父亲是德国人，母亲是中国人。他会说上海话、广东话和官话，中国上流社会那些吃喝玩乐的事他全会。就这样，胡适等人被他带上了"道"。

胡适后来写道：

我们打牌不赌钱,谁赢谁请吃雅叙园。我们这一班人都能喝酒,每人面前摆一大壶,自斟自饮。从打牌到喝酒,从喝酒又到叫局,从叫局到吃花酒,不到两个月,我都学会了。幸而我们都没有钱,所以都只能玩一点穷开心的玩意儿:赌博到吃馆子为止,逛窑子到吃"镶边"的花酒或打一场合股份的牌为止。有时候我们也同去看戏……我那几个月之中真是在昏天黑地里胡混,有时候整夜的打牌,有时候连日的大醉。

这一通胡混,将旧社会吃喝嫖赌的那一道行径全给学会了,胡适在日记中写道:

近日百无聊赖,仅有打牌以自遣。实则此间君墨、仲实诸人亦皆终日困于愁城恨海之中,只得呼卢喝雉为解愁之具云尔……(1910年1月,农历乙酉十二月二十一日)

是夜,君墨以柬招饮于妓者花瑞英家,且言有事相商。余与仲实同往赴之……花瑞英者,去年余于金云仙家见之,时与金韵籁同处,皆未悬牌应客。君墨称此二人,谓后起之秀,余亦谓然。及今年……近始得之。君墨以余尝称此妓,遂以为意有所属,故今日邃尔见招。

是夜酒阑,君墨已醉,强邀至金韵籁家打牌,至三时始归。(1910年,农历庚戌二月初二日)

晚课既毕,桂梁来外出散步。先扬样去不遇,遂至和记,适君墨亦在,小坐。同出至花瑞英家打茶围(围)。其家欲君墨在此打牌,余亦同局。局终出门已一句钟。君墨适小饮已微醉,强邀桂梁及余等至一妓者陈彩玉家。其家已闭户卧矣,乃敲门而入。妓人皆披衣而起,复欲桂梁打牌。桂梁以深夜惊人清梦,此举遂不可却。余又同局,是局乃至天明始终。是夜通夜不寐,疲极矣,然又不敢睡。六时以车独归,独自支持,改学生课卷三十册。(1910年,农历

庚戌二月初六日）

据现存 59 天的《藏晖室日记》粗略统计，有明确记载的：打牌 15 次，喝酒 17 次，进戏园、捧戏子 11 次，逛窑子嫖妓女 10 次，共计 53 次。几乎每日里不是打牌，便是喝酒，不是与戏子往来，便是逛窑子。

捧戏子，喝花酒，从这家妓院出来，又进别家妓院，妓家关门睡觉了，甚至"敲门而入"。壮志没了，愁思多了，精神颓废到了极点，活脱一个浪荡公子的形象。胡适在一首《岁莫杂感一律》中写道：

客里残年尽，严寒透画帘。
霜浓欺日淡，裘敝苦风尖。
壮志随年逝，乡思逐岁添。
不堪频看镜，颔下已鬖鬖。

读这首诗的时候，我仿佛看见胡适靠在那里，支起枕头，侧耳倾听着远处的水声，心思如水波般荡漾，眼神里面却空洞洞的，看不出喜悲……

往事如风，将生平的悲欢起伏都吹散开来，如同江面上掠过的海鸥翅膀。生不见得是过客，死也未尝是归宿，年纪轻轻便怅然无望，在肮脏的泥地里翻滚太久了，身上哪还有干净的地方？

扬帆出海

坐在黄浦江的游船上，微风拂面，江面上波光鳞鳞，百舸争流，江上海鸥高低飞翔，隔江而立的东方明珠耸入云霄。下了船，就到了十六铺码头。

十六铺码头是上海外滩最著名的码头，拥有150年历史。它曾是远东最大的码头、上海的水上门户，承载着很多关于上海的历史人文记忆。需要说明的是，十六铺码头从来就不是"一个"码头，而是各个历史时期十六铺地区范围内很多码头的不规范总称。

这里曾出现过一个早期在十六铺鸿元盛水果行当学徒，后成为上海滩三大头子之一的——"水果月笙"。杜月笙的传奇经历，让十六号码头具有了符号意义。

而在此之前，有一帮学子曾在这里扬帆出海，其中有一个叫胡洪骍的柔弱书生，默默无闻地跟在他们后面。几年后，他重新返回中国社会的视野，这时候他叫做——胡适。

发生殴打巡警的事件之后，胡适站在镜子面前，抚摸着脸上的伤痕，一度沉默。

若一直这样颓废下去，恐怕就真万劫不复了。

他在自述中写道：

那天我在镜子里看见我脸上的伤痕，和浑身的泥湿，我忍不住叹了一口气，想起"天生我才必有用"的诗句，心里百分懊悔，觉得对不住我的慈母——我那在家乡时时刻刻悬念着我，期望着我的慈母！我没有掉一滴眼泪，但是我已经过了一次精神上的转机。

胡适首先辞去了华童公学的教职，因为他觉得自己的行动玷污了学校的名誉。

接下来，胡适决心去北京报考"留美庚款官费生"。所谓"庚款官费留美"，是庚子那年，八国联军侵华，打进北京，逼着清政府签订了一个丧权辱国的"辛丑条约"，仅"赔款"一项就按当时中国人口总数每人白银一两，计四亿五千万两，四厘计息，分39年本息付清，共计九亿八千多万两。后来，英美等国宣布将赔款中尚未付给的部分"退还"，用在中国兴办学校、图书馆、医院及设立各种学术奖金，或派遣留学生的经费。美国于宣统元年开始退还庚款，当年就选派了第一批留美官费生。胡适这一年准备去报考的是第二批。

当时的胡适可谓一身平价布衣，两袖粉笔灰，穷得叮当响，哪有钱去北京应考呢？多亏他的朋友许怡荪和程乐亭以及族叔胡节甫的鼎力支持，帮他筹足了经费，免了后顾之忧。他的中国公学老师王云五也极力支持他应考留学，并辅导他复习大代数和解析几何。

安心复习了两个月后，胡适北上了。

在同二哥北上途中，胡适写信"慈母大人膝下，敬禀者"道：

吾家家声衰微极矣，振兴之责惟在儿辈。而现在时势，科举既停，上进之阶惟有出洋留学一途。且此次如果被取，一切费用皆由国家出之。闻官费甚宽，每年可节省二三百金。则出洋一事于学问既有益，于家用又可无忧，岂非一举两得乎……儿此举虽考取与否，成败尚不可知，然此策实最上之策，想大人亦必以为然也。

此次考试胡适并没有用"胡洪骍"的名字，而写的是"胡适"。考试分两场，头场考国文和英文，胡适的运气不错。国文试题是"不以规矩不能成方圆说"，他做了一篇乱谈考据的文章，开头就说："矩之作也，不可考矣。规之作也，其在周之末世乎？"这其实是胡适一时异想天开的考据，不料正好碰着看卷子的先生大有考据癖，对胡适的文章特别赏识，批了 100 分。拉平了胡适第二场"抱佛脚"准备的西洋学、动物学、物理学考试，总分排得第 55 名。胡适事后额手称幸，"幸亏头场的分数占了大便宜"。

过了几天去看榜的时候，却闹出了笑话。胡适这样回忆：

宣统二年 (1910) 七月，我到北京考留美官费。那一天，有人来说，发榜了。我坐了人力车去看榜，到史家胡同，天已黑了。我拿了车上的灯，从榜尾倒看上去。看完了一张榜,没有我的名字,我很失望。看过头上,才知道那一张是"备取"的榜。我再拿灯照读那"正取"的榜,仍是倒读上去。看到我的名字了!仔细一看,却是"胡达",不是"胡适"。我再看上去,相隔很近便是我的姓名了。我抽了一口气,放下灯,仍坐原车回去了,心里却想着:"那个胡达不知是谁,几乎害我空高兴一场!"

这个几乎害他"空高兴一场"的胡达便是胡明复,后来和胡适同船赴美,同进了康奈尔大学,成了胡适的好朋友。许多中国留学生还以为他们是兄弟,其实他俩全无亲属关系。

赴美的时间是政府规定的,胡适根本没有机会回家辞别他的母亲。1910年8月16日,胡适同赵元任、张彭生、竺可桢等人在黄浦江码头登上了开赴美国的远洋巨轮,向着大洋彼岸的那个国度出发。

面对着滚滚的黄浦江水,胡适的心绪又在何方呢?

一江水,将一地人生生地划成了两岸,母子不复得见,亲朋不相顾。夕阳的最后一抹余晖斜洒在江边的码头上,夜色渐渐苍茫,我却不敢回首。人事飘零,如风吹浪打。多少繁华被淘尽,留下的,只有满目苍凉。

十六铺码头,百年之后,我在这里,却再也见不到你。我无力穿越,只能在江边观望。

第二章

风光绮色佳

第二故乡

绮色佳，好像是一个女人的名字。

的确，它就如同绝色美人般温柔、靓丽，就像那个心底玲珑的诗人——冰心。

自从冰心把个毫无意义的地名 Ithaca 译为绮色佳，人们便沿用了这个美妙的名字，它一再地出现在有关现代文学巨匠们的传记和传奇中，记录着这些钟灵毓秀的男女在这里度过的玫瑰般的青春年华。

让这里生机盎然的，还有一个让人耳熟能详的名字——康奈尔大学。

冰心是为了补习法语才从她就读的威尔斯利女子大学研究院来到位于这里的康奈尔大学的，修完一个暑期的法语，她就要回国了。然而，刚来这里，她就被这里的景色迷住了。

这是一个风光无限的小镇，有一万五千多名居民，最引人注目的，恐怕就是凯约嘉湖，它静静地卧在山下两里多路的地方，湖面宽仅五里，而长却达百里，狭长如手指，故又称"指湖"。指湖碧天绿水，两岸青山绵延，湖面平静如镜，是人们泛舟游玩的好去处。

更加让冰心惊奇不已的是，吴文藻竟然也在这里，而且也是为了修外语。

冰心和吴文藻的相识据说是由一个误会引起的。当年，搭乘杰克逊总统号邮轮去美国的时候，冰心已经是京华大名鼎鼎的女作家，而吴文藻则只是清华园中一个名不见经传的学生。船上无聊，冰心想起自己中学时候的同学曾来信说她的弟弟吴卓也搭这条船去美国，请冰心关照一下，冰心托人去男舱找来了吴先生，不料见了才知道，此吴乃吴文藻，非彼吴卓也！就这样，两个人认识了。

百感都随流水去，一身还被浮名束。

面对这绝佳的山水，诗人冰心只有用这样的诗句表达自己的感受。

的确，是相见恨晚。

是跟绮色佳相见恨晚，还是跟吴文藻相见恨晚？

美好的时光总是短暂的。没过多久，这对热恋的情侣就面临着离别的痛楚，然而绮色佳的记忆却成了他们心底最靓丽的风景，这些风景化作花瓣一样的纸片在一对有情人之间穿梭。

绮色佳，一个美丽的名字，一个遥远国度的袖珍小城，让这对情侣终成眷属，浪漫的爱情一直延续到他们生命的终结。

一溪一壑都有深情，在这里生活过五年的胡适说。并将它称为"第二故乡"。

康奈尔大学校区就坐落在山上，山冈高处是康奈尔大学的入口处，既没有栅栏，也没有守卫，出入自由，完完全全的开放型。路西边有一造型奇特的方型建筑物——东方艺术研究所，出自国际著名建筑设计大师贝聿铭之手。这里收藏极丰，亚洲的有关书籍、资料应有尽有。在绿草如茵的大草坪四周，坐落着康奈尔大学的各个学院：其左为地学院、博物学院、数学院，建筑毗连接壤；其西北为化学院、电学院；其北为机械学院；其东为文学院、建筑工程学院和医学院，建筑参差错落；文学院的后山，山坳树林中散布着物理学院、兽医学院的楼群；再望高处，山顶平填，便是农学院。

胡适在给朋友的信里说："此校农科最著名。"

在太平洋上航行了十多天，胡适等人于9月9日在旧金山登上新大陆。随后便改乘火车，横穿美国国土，来到纽约州南部的绮色佳城，走进了康奈尔大学的校园。到学校的那天刚好是中秋节，胡适在给他叔叔的信中报平安说：

七月十二日去国，八月七日抵美国境，中秋日抵绮色佳城。计日三十三昼夜，计程三万余里，适当地球之半。此间晨兴之时，正吾祖国人士酣眠之候；此间之夜，祖国方日出耳。乘风之志于今始遂，但不识神山采药效果如何，又不知丁令归来，能不兴城郭人民之叹否？

选读农科，可能并非胡适内心所愿。当他准备在上海登船的时候，他的二哥特地从东三省赶来送行，并对他说因为家道中落，去美国应选学铁路工程或矿冶工程，学了这些回来可以复兴家业，并替国家振兴实业，并特别叮嘱胡适不要学文学、哲学，也不要学做官的政治、法律，这些都没有用。胡适对路矿并不感兴趣，但他又不能辜负兄长的期望，便采取折中办法，选读农科。

胡适出国的行囊里别无他物，只有一千三百卷线装书。在决定选读农科之后，他便开始把书分送给朋友。1917年6月1日，胡适回国前写给任鸿隽、杨杏佛、梅光迪的一首诗云：

> 我初来此邦，所志在耕种。
> 文章真小技，救国不中用。
> 带来千卷书，一一尺分送。
> 种菜与种树，往往来入梦。

但是，胡适的兴趣确实不在农科方面，特别是一门叫做"果树学"的课程，每周都有一段实习的时间，把课堂上所学的拿来应用。要求每个学生每次将几十个苹果分类填表，例如茎的长短、果脐大小、果上棱角和圆形的特征、果皮的颜色、果肉的韧度、酸甜的尝试、肥瘦的记录，等等，项目分得很细。美国那时有四百多种苹果，都要一一细分，胡适对这许多苹果不了解，填起表来便觉十分枯燥，令人头痛，结果是错误百出，成绩非常不好。

恰在此时，中国发生了辛亥革命；1912年1月1日，中华民国在南京宣布成立，孙中山就任临时大总统。二千多年的封建君主专制统治在中国结束了，亚洲的第一个共和国诞生在中国。胡适1912年在致乡友胡绍庭的信中欢呼："祖国风云，一日千里，世界第一大共和国已呱呱坠地矣！去国游子翘首企西望，雀跃鼓舞，何能自已耶！"这场革命影响了大洋彼岸的学子，胡适热情地宣传中国的这场革命，并受邀请做了多次关于中国问题的演讲。

1912年美国的大选，胡适去听前总统老罗斯福演讲，支持进步党候选人欧斯克·史特朗竞选纽约州州长。这次集会上，老罗斯福被刺客击中一枪，但他面不改色，仍坚持演说。胡适为之感动不已，油然而生敬爱之情，从此胡适对美国的政治产生了极大的兴趣。

由于上述种种原因，胡适于1912年春天放弃农科，转入康大文学院改学哲学和文学。

忽然教堂的钟敲了12下。祈祷的钟声也响了。窗外又传来普鲁士士兵的号声——他们已经收操了。韩麦尔先生站起来，脸色惨白，我觉得他从来没有这么高大。

"我的朋友们啊，"他说，"我——我——"

但是他哽住了，他说不下去了。

他转身朝着黑板，拿起一支粉笔，使出全身的力量，写了两个大字：

"法兰西万岁！"

然后他呆在那儿，头靠着墙壁，话也不说，只向我们做了一个手势："放学了，——你们走吧。"

以上是法国都德的短篇小说《最后一课》选段，由胡适在1912年9月第一次译为中文，改名《割地》，登在《大共和日报》上。后来五四文学革命时又恢复《最后一课》原名，收入他译的《短篇小说》第一集，列为首篇。从此，这脍炙人口的爱国名篇因胡适用白话译出便影响特大，在中国传诵数十年而不衰。后来他又翻译了都德的另一篇小说《柏林之围》。那时候胡适还没学法文，他的《最后一课》以及《柏林之围》都是从英译本转译过来的。

接着，他又翻译了拜伦的《哀希腊歌》，其词慷慨哀怨，也是激励希腊人爱国之心的名篇。

忽然我想到了那个时代的另一位文坛巨星：鲁迅先生。鲁迅先生在日本仙台学医时一次课间放映了一部幻灯片，描写的是在日俄战争中，中国人给俄国做侦探被日军抓来处死的场面：绑在中间的人，体格强壮而神情麻木；围着来赏鉴这示众的盛举的，也同样是一些体格强壮而神情麻木的中国人。

鲁迅后来在散文《藤野先生》中回忆道："这一学年没有完毕，我已经到了东京了。因为从那一回以后，我便觉得医学并非一件紧要事。凡是愚弱的国民，即使体格如何健全，如何茁壮，也只能做毫无意义的示众的材料和看客，病死多少是不必以为不幸的。所以我们的第一要务，是改变他们的精神，而善于改变精神的是，我那时以为当然要推文艺，于是想提倡文艺运动了。"

从此鲁迅先生便弃医从文，拿起文艺的武器，唤醒国民，疗救国民精神上的创伤，最终成为近代文坛巨擘。

大丈夫相时而动，鲁迅弃医从文开启了人生新的旅途，世间或许少了一位悬壶济世的医生，却多了一位泽被后世、光照千秋的人生导师。而胡适由于"改科"，以全新的面貌投入到了自己为之"足之蹈之，手之舞之"的文学、政治、哲学的领域。

鲁迅、胡适，文坛之幸，中国之幸。

是否木石心肠

踏访胡适故居，我们看到在胡适故居的厅堂正中，挂了一轴上海画家叶森槐绘制的中晚年胡适肖像的中堂，胡适戴了眼镜，身穿深色西服，打着红黑相间的领带。中堂两旁，是著名美术家钱君陶1987年书写的一副对联："身行万里半天下""眼高四海空无人"。

听闻这副集句联原本是当年胡适应即将远行留学的青年学子钱君陶之请而写给他的，胡适故居开放之际，钱先生又将这副对联题写给胡适先生，挂在了故居的厅堂之上。斯人已逝，风范长存。一代哲人虽已作古，他的信仰与精神却在世间得以延续和永驻。

胡适在1936年给周作人的信中提到，他心中有"三位大神"，分别是孔子、王安石和张居正。他有所取于孔子的是"知其不可而为之"，有所取于王安石的是"但能一切舍，管取佛欢喜"，有所取于张居正的是"愿以其身为蓐荐，使人寝处其上，溲溺垢秽之，吾无间焉，有欲割舍吾眼鼻者，吾亦欢喜施与"。

众所周知，胡适是个无神论者，但他心中的这三位大神，所体现的却是极崇高的乐观奋斗和朝闻夕死、牺牲奉献的宗教情操。

而许多人不知道的是，在绮色佳留学的期间，胡适却差点儿成了基督徒。

1911年夏天，胡适应邀参加在宾夕法尼亚州的孛可诺松林区举行的一个"中国基督教学生会"的暑期集会。会址在海拔两千英尺、风景如画的高山松林之中。这个集会安排了各项宗教色彩浓郁的活动，并虔诚地宣扬基督教义，以期感化尚未入教的青年学子。当时的胡适正在为失去好友程乐亭而陷入深深的痛苦之中，忽然来到这人间仙境，聆听上帝仁爱救人的思想，悲伤的心情稍有缓解。

同来的留美学生中有一位陈绍唐君，是胡适在中国公学时的同班同学，后来受洗为基督徒，他们分别三年了，这次在宇可诺山相见自然格外亲热。这位陈君笃信教义，令人可惊，学问见识也很不错。胡适觉得他简直"如程朱学者，令人望而敬爱"。一天下午，他对胡适大谈基督教教义，谈了三个多小时。胡适大为感动，竟决心要做基督教信徒了，他在6月17日给朋友章希吕的信中写道：

连日聆诸名人演说，又观旧日友人受耶教感化，其变化气质之功，真令人可惊。适亦有奉行耶氏之意，现尚未能真心奉行，惟日读Bible(按，即《圣经》)，冀有所得耳。

这天晚上，基督教会又安排了一个名叫梅西的美国教徒为中国留学生演讲，述说他一生的经历。这个传奇人物在大学时染上了种种恶习，行为令人不齿，为此还被父亲赶出了家门，从此在外面游荡，身无分文，无以为生，便投河自尽，被水上巡警救起。后来当了基督教徒，从此改恶从善。数年之后，他现身说法讲述自己的经历，宣传基督教教义，事迹登在报纸上，他的父亲看到报纸，知道儿子果然能改过，便恢复了父子关系，和好如初。梅西的演说很会以感情打动人，当讲到他们父子重见时，更大加渲染父子如何抱头痛哭。讲演者声泪俱下，胡适这些青年人听了也都被感动得流下泪来。当场即有七个中国留学生感情冲动，站起来说自己愿意当基督教信徒，其中之一就是胡适。

6月21日，胡适在给好友许怡荪的信中说：

此君之父为甚富之律师，其戚即美国前任总统也。此君幼时育于白宫，则所受教育不言可知，而卒至于此，一旦以宗教之力，乃举一切教育所不能助，财产所不能助，家世所不能助，朋友所不能助，贫穷所不能助之恶德而一扫空之，此其功力岂可言喻！……昨日之夜，弟遂为耶氏之徒矣！

然而胡适终究没有成为基督徒，等到暑期集会结束时，胡适已经从宗教的狂热中清醒了过来，觉悟了，看透了基督教会用感情的手段俘虏青年人，从而冷静地放弃了自己要当基督教徒的要求。

1914年8月，第一次世界大战爆发，胡适终于从和平主义的美梦中惊醒。此刻的他十分彷徨，感觉自己无所适从。正在此时，胡适的一位朋友讷司密斯从欧洲归来。这讷司密斯也是一个和平主义者，他向胡适大谈不抵抗主义，言道卢森堡因不抵抗德国侵略而得以保全，比利时抗拒德国侵略便遭到残破，而比利时首都布鲁塞尔的市长不抵抗德军，率全城军民投降了德国，便使城市能够免于战火，这些都是不抵抗主义的善果。胡适听完也表赞同，并说这种不抵抗主义主张"老子闻之，必曰是也。耶稣释迦闻之，亦必曰是也"！

1915年1月，日本政府向袁世凯提出了二十一条，袁氏丧心病狂想做皇帝，亟欲取得日本支持，便公然加以承认。

袁政府接受最后通牒的消息一经传出，群情激愤，举国认为是奇耻大辱。各城市爱国团体，纷纷集会，拒不承认"二十一条"，誓雪国耻。上海各界召开国民大会，到会数万人，一致表示拒日到底。各地青年学生尤为悲愤，有的愤而自杀，有的断指写血书，有的要求入伍，请缨杀敌。全国教育联合会决定，各学校每年以5月9日为"国耻纪念日"。北京各学校学生议决，每日课余诵最后通牒一遍，以示不忘国耻。

接着，汉口、镇江、汉阳、福州等地，相继发生反日运动。5月13日，汉口日侨准备举行提灯会，庆祝日本所取得的"外交胜利"。当地学生和商民怒不可遏，群起捣毁日本商店。

5月24日，上海国民对日同志会等团体在城内九亩地新舞台召开国民大会，"征集众意电请中央停止签字"，到会者七八千人。郑汝成派军警到现场镇压。大会代表至制造局表达众意，要求电达"政府毁约力争"，又被拘押营仓。次日，仍在九亩地召开大会，郑汝成再派军警前往"弹压禁阻"。

而远在大洋彼岸的美国留学生也人人义愤填膺，主张对日作战，抵抗日本的侵略。这时，胡适为了避免这些只会手握笔杆子的学生跟日本人打起来，增添无所谓的伤亡，于是写了一封英文的《致留学界的公开信》寄给《中国留美学生月报》，劝大家处之以温和，持之以冷静，反对抵抗日本的主张。信中说：

在我个人看来，我辈留学生如今与祖国远隔重洋，值此时机，我们的当务之急实在应该是保持冷静。让我们各就本份，尽我们自己的责任——我们的责任便是读书学习。我们不要让报章上所传的纠纷耽误了我们神圣的任务。我们要严肃、冷静、不惊、不慌的继续我们的学业。……我要说对日用兵论是胡说和愚昧。我们在战争中将毫无所获，剩下的只是一连串的毁灭、毁灭和再毁灭。

胡适认为青年学生愈是在国家危难的时候便愈应冷静，也愈应把握时机追求知识，把自己铸造成器，以为将来救国的凭借。此信一发表，立马引起了轩然大波，《留美学生月报》的主编邝煦写了文章，指出胡适写这样的公开信是"木石心肠不爱国"。

就连后来，胡适的"我的小朋友"唐德刚在《胡适口述自传》中也评价说："一个国家如果在像二十一条要求那种可耻的紧急情况之下，他的青年学生还能安心读书，无动于衷，那这国家还有希望吗？不过胡适之先生是个冷静到毫无火气的白面书生，他是不会搞革命的，抛头颅、洒热血是永远没有他的份的，所以他这些话对热血青年是不足为训。"

这话倒也有理，一个文人，如果只能束手谈心性，静看祖国危亡而无动于衷，那便跟爱国扯不上半点儿关系了。

但有一点我们必须认清的是：尽管胡适主张对日和谈，但他的和平主张并不是一味的妥协和退让，当然更不是出于胆小怯懦。从美国归国后，他曾表示20年不谈政治，20年不干政治。然而他关怀式的学者姿态，却使他忍不住从书斋走出来。到了1935年6月，国土日渐沦丧，胡适在给王世杰的信中说："至于我个人的安危，我毫不在意。我活了四十多年，总算做了一点良心上无愧做的事，万一为自由牺牲，为国家牺牲，都是最光荣的事。我决定不走开。"

一介书生，以一己之力，舍身为祖国奔走，虽不能力挽狂澜，却也可敬可佩。

胡适书斋里，有他毕生推崇的座右铭：

士不可以不弘毅，任重而道远，仁以为己任，不亦重乎？死而后已，不亦远乎？

鞠躬尽瘁，死而后已，如此而已。

此时君与我

两个黄蝴蝶，双双飞上天。
不知为什么，一个忽飞还。
剩下那一个，孤单怪可怜；
也无心上天，天上太孤单！

这首诗将我的思绪带到了红罗山书院，一个叫祝英台的女子一袭男装，手捧一卷书，来到另一个书生面前，朱唇轻启："梁兄……"三年同窗，一朝诀别，十八里相送，只留下浅浅的车辙印。

最后的结局，不过是祝英台嫁作他人妇，梁山伯吐血而亡。前缘早已注定，只留下彩蝶一双，在坟茔上空飞旋。痴迷的，是那颤抖的琴弦上飞逸而出的精灵，朦胧中，演绎一段不老的爱情故事。

当无论是甜蜜或是悲怆都随流光化为灰烬时，化蝶共舞，已悄然成为永恒的梦想，伫立在情人眼前，那是一种怎样的凄恻的隽永！

1914年夏天，"未尝与贤夫人交际"的胡适第一次应邀参加一个婚礼派对时，邂逅了亨利·韦莲司教授的小女儿。初见，便让情窦初开的少年久久不能忘怀，年少的冲动，炙热的情感，就在这一瞬间点燃了。在胡适眼中，"其人极能思想，读书甚多，高洁几近狂狷，虽生富家而不事服饰；一日自剪其发，仅留二三寸。"

随后，一个星期六的下午，两人漫步在指湖岸边，循湖而行。时已深秋，再加上连下了数日雨，凉风袭人。两人走到道路的尽头，又向东折行，走数里到厄特娜村才折回，绕林家村而归。当两人到韦莲司家时，已经是晚上六点。胡适应邀在韦莲司家共进晚餐，晚餐后同韦莲司家人围炉谈天，九点才返回宿舍。

回到宿舍后胡适发现桌上有一张纸条："适来不遇，读诗而去。'知是泉声是雨声'叫'夜半飞泉作雨声'如何？"落款是：任鸿隽。

在中国公学的时候，胡适就与任鸿隽同班，胡适迷于作诗，很快就"在学校里颇有少年诗人之名，常常和同学们唱和"，已与任鸿隽结下了诗缘。胡适到美国的头两年是极少作诗的，而"诗炉久灰冷，从此生新火"，就发生在他与任鸿隽、杨杏佛重聚之后。

前不久胡适搬了新居，迁到橡街120号，一个人的居室，有成套的家具设备。风景也颇好，据胡适自己描写，窗外临小溪，"溪两岸多大树，窗上可见清之柏，温柔之柳，苍古之橡，林隙中可见清溪，清浅见底，而上下流皆为急湍"，故水声奔腾，日夜不绝。住在这样窗明几净、风景幽美的地方，胡适夜半突然睡醒，听见潺潺水声，以为外面下雨，于是做起诗来：

窗下山溪不住鸣，中宵到枕更分明。
梦回午夜频猜问，知是泉声是雨声？

由于胡适出门的时候没有上锁，任鸿隽前来看他，恰逢人不在，却看到了桌子上的诗。

回来后胡适忍不住思念的煎熬，马上给韦莲司写信，一开头就用了："我亲爱的韦莲司小姐"。胡适知道韦莲司比自己大，但不知道大多少，后来才得知，韦莲司1885年出生，比他大六岁。

此后两人的书信便如雪花一般，而且几乎每天都约会，一日不见就思之若狂。绮色佳垂柳少，大都粗枝肥叶。一日，胡适与韦莲司经过大学街，见垂柳一株，迎风而舞，两人在树下徘徊良久。胡适告诉她，中国有"折柳赠别"的习俗，韦莲司领会其意，在离开绮色佳去纽约的日子里，特意给胡适拍了几张柳树的照片，给他留作纪念。

那年的感恩节，胡适是在韦莲司家度过的，然而韦莲司却去了纽约。虽然在韦莲司家胡适感到了亲情的温暖，但在回宿舍后，看到寒风吹落了窗前的柳条，胡适惆怅万千，为远方的韦莲司送去了一封颇带"少年维特"式愁绪的信笺：

上周四的夜晚，我的心中深感怅惘，寒风吹落了窗前所有的枝条，竟使我无法为一位远去的朋友折下一枝柳条，作为送别的礼物。我甚至没能拍下一张照片。我简直没有办法用笔墨来形容，在过去的几个月里——哦，多么短暂的几个月啊！——我是如何地沉浸在你的友谊和善意之中。我不知道贵国的礼节是否允许一个朋友对另一个说，她是他最感念，也是给他启发最多的一个人！

不久后，胡适终于得到了一个同韦莲司重逢的机会。胡适以一篇《卜朗宁的乐观主义赞》获得康乃尔大学卜朗宁征文奖，并应波士顿卜朗宁学会之邀由绮色佳前往波士顿，参加该会集会并发表《儒教与卜朗宁哲学》演讲，讲了40分钟，自我感觉和与会反响很好。11月20日他到康桥访哈佛大学，会"澄衷"同学竺可桢。21日他由波士顿赴纽约，行前打电话给韦莲司，相约会面。22日他到纽约，韦莲司陪他参观纽约大都会艺术博物馆，两人参观到中午，韦莲司请胡适光临她的宿舍。两人相谈正欢时，韦莲司的朋友约翰夫妇前来做客，意犹未尽的胡适只得返回。下午四点，胡适离开纽约，乘火车去附近的一个小镇探望朋友杰克逊。

第二天午后,胡适再次光临韦莲司宿舍。由于考虑到当时只有二人独处,胡适便打电话给张彭春,邀请他过来一起喝茶,没想到电话那头只传出"嘟——嘟——"的声音,友人并不在。

我们没法知道那天下午到底发生了什么,或许两人在共同欣赏韦莲司的画作,或许是各自在畅谈人生理想,又或许,两下无言相对坐着,难堪而又甜蜜地听着钟表的嘀答声。

事后,韦莲司的母亲得知他们单独在屋里相聚的事,很是反感,一再追问胡适有没有别的朋友在场。因为当年美国社会男女自由约会时,一般都在客厅里,要是外出或在居室里,都要请一位已婚的"监伴娘"当夹心饼干。韦莲司的母亲之所以对胡适与女儿独处一事这么重视,是因为当年美国有"反杂交法",反对异族通婚。韦莲司并不理会母亲的责问,认为那只是"徒然用自己的头去撞墙壁而已",韦莲司认为唯有从思想的交汇中激发出灿烂的火花才是两性交往的最高目的,智性交流的情怀才是她心目中所真正认可的"教养",而肉体之爱不过是通往心灵交汇的媒介罢了。

后来两人的交往愈加频繁,所聊的话题也渐不拘谨。胡适一次早上锻炼时,看到桥下流水奔腾,忽然有所悟,觉得老子以水喻不争很有道理,看水似乎什么也不争,遇什么让什么,却有空必钻,以柔克刚。

晚上看戏时,胡适向韦莲司说起此事,韦莲司说:"老子亦是亦非。老子知水之莫之能胜,是也;老子说水为至柔,非也。水之能胜物,在其大力,不在其柔。"胡适万料不到韦莲司能说出这样的话,对中国老子的思想理解得这么透彻。他在日记中说:

女士最洒落不羁,不屑事服饰之细。欧美妇女风尚,日新而月异,争奇斗巧,莫知所届。女士所服,数年不易。其草冠敝损,戴之如故。又以发长,修饰不易,尽剪去之,蓬首一二年矣。行道中,每为行人指目,其母屡以为言。女士曰:"彼道上之妇女日易其冠服,穷极怪异,不自以为怪异,人亦不之怪异,而独异我之不易，何哉？彼诚不自知其多变，而徒怪吾之不变耳。"女士胸襟于此可见。

韦莲司曾这样解释她的"狂狷"："若有意为狂，其狂亦不足取。"

而胡适却以开玩笑的口吻对韦莲司说："约翰·弥尔曾经说过，'今人鲜敢为狂狷之行者，此真今世之隐患也'。其实，我倒认为，'狂'乃美德，非病也。"

1915年8月20日，胡适又填词《临江仙》一首：

隔树溪声细碎，迎人鸟唱纷哗。共穿幽径趁溪斜。我和君拾葚，君替我簪花。更向水滨同坐，骄阳有树相遮。语深浑不管昏鸦，此时君与我，何处更容他？

词前是胡适"很花了一点心思"写的序，序曰：

诗中绮语，非病也。绮语之病，非亵则露，两者俱失之。吾国近世绮语之诗，皆色诗耳，皆淫词耳，情云乎哉？今之言诗界革命者，矫枉过正，强为壮语，虚而无当，则妄言而已矣。吾生平未尝作欺人之壮语，亦未尝有"闲情"之赋。今年重事填词，偶作绮语，游戏而已。一夜读英文歌诗，偶有所喜，遂成此词。词中语意一无所指，惧他日读者之妄相猜度也，故序之如此。

而在给韦莲司的信里，胡适泄露了天机：

读了你4日的来信以后，我只想告诉你一件事，日记中提到你的部分都是"无关个人的"，也是"抽象的"——经常是一些对大议题严肃的讨论。那几首诗也是无关个人的——都没有主语；三首诗中的一首，我很花了一点心思来说明这首诗和个人无关。

这段序言使这首词的内涵显得扑朔迷离。难怪徐志摩说:"凡适之诗前有序后有跋者,皆可疑,皆将来本传索隐资料。"

夜幕降临,胡适的心情也随着太阳的慢慢落下,一点点地走向落寞,韦莲司的笑容成了牵绊他思绪的绳索,在包含甜蜜的泪水中夹杂着伤感和回忆,夜半,孤零零的泪水便会顺着脸颊滑落,湿了枕头。

这断肠般的思念,将一颗年轻的心点燃,散发出炙热的光,在这个清冷的夜晚,一遍遍发酵、升华。爱恋,总是最折磨人的,只是人在其中,身不由己而已。

还是几百年前那个至情至性、才华横溢的贵公子纳兰性德一语道破了天机:

人生若只如初见。

白话文运动

徐志摩在《我所知道的康桥》中说:"我这一生的周折,大都寻得出感情的线索。不论别的,单说求学。我到英国是为要从卢梭。卢梭来中国时,我已经在美国。他那不确的死耗传到的时候,我真的出眼泪不够,还做悼诗来了。他没有死,我自然高兴。我摆脱了哥伦比亚大学博士衔的引诱,买船漂过大西洋,想跟这位二十世纪的福禄泰尔认真念点书去。"

我一直想知道,为什么同样徐志摩留过学的地方,他在英国剑桥就能写出《再别康桥》这样的诗篇,而在哥伦比亚大学就什么都没有留下!难道说文化和诗意都漂洋过海到英国伦敦去了,在美国没有一点儿残余?

我翻了翻哥伦比亚大学的档案,却发现那时在哥伦比亚大学留学的中国学子多得惊人,单是这几个,就能够让中国大地抖上几抖。他们是:宋子文、张奚若、孙科、蒋梦麟。

对了，再加上一个胡适。

1915年9月，胡适离开绮色佳赴纽约，转入哥伦比亚大学哲学系研究部，拜"今日美洲第一哲学家"杜威为导师，从此服膺实验主义。

第一次上哲学课，胡适就见到了杜威教授。

快60岁的老头儿，个子高高的，腰板仍挺得很直，很有精神，虽不须髯飘飘，却也颇具学者风度。只有一点，杜威不善辞令，说话慢吞吞的，一个字一个字地慢慢说，似乎每一个动词、形容词、介词都得慢慢想出，再讲下去。许多学生都觉得他的课枯燥无味，胡适却完全听懂了他的课程，并大力推崇。

胡适曾说："杜威在他慢吞吞的讲演与谈话之中，在思想上四下播种——这些'观念种子'如落入他的学生们的肥美的思想土壤之内，就会滋长出新的智慧体系，或非其播种时始料所及罢。"

胡适最崇拜的是杜威的实验主义哲学，当时杜威一家人住在纽约河边大道和西一一六街南角的一所公寓里。杜威夫人每月都要举行家庭茶会，邀集一些朋友和学生参加。胡适作为留学生，也和其他学生一样怀着极大的兴趣，把被邀请参加杜氏家庭这样的招待会看作是最难得的机会和光荣。在与杜威频繁的接触中，胡适的世界观价值观发生了很大转变。

胡适认为，杜威实验主义方法论有两个基本点：历史的方法和实验的方法。这有三个要点：第一是注重具体的个别事实；第二是一切学理都只是假设，只能做参考用，却不是天经地义的；第三是一切学说、制度、等等，甚至真理都要经过试验，不做古人的奴隶。

胡适正是凭借着这两种方法论，踏着杜威实验主义坚实的阶梯，向他学术人生的一道道标杆奋力跨进的。这对他后来倡导文学革命、倡导白话诗文、考证古史和传统小说、研究中国思想史和哲学史以及政治和生活诸方面都有重要影响。

没过多久，在收到的生活费信封中，胡适发现了一张"废除汉字，取用字母"的宣传条子，他止不住心头火起。在之前，他就听说过一名叫钟文鳌的清华留学监督处的怪人，利用每月给在美各地留学生寄月费支票的机会，将自制的小宣传单夹带进信封里，以这样的方式做有关社会改革的宣传。胡适也曾不止一次地收到过种种花样，如"不满二十五岁不娶妻""多种树，种树有益"等，起初他并不在意，但这次却实实在在惹恼了他，年轻气盛的他马上写了一封信去骂钟文鳌，大意是，你们这种不通汉文的人，不配改良中国文字的问题，没有资格议论汉字该不该废除。事后胡适为自己的冲动行为很是后悔，他说道："我既然说钟先生不够资格议论此事，我们够资格的人就更应该用点心思才力去研究这个问题。"

1916年2月3日，胡适给在哈佛大学读书的梅觐庄写了一封信，谈文胜之弊的三个方法：言之有物、须讲文法、当用"文之文字"时不可避之。

接着，绩溪同乡汪孟邹来信，约他给陈独秀的刊物《青年杂志》来稿。胡适遂翻译俄国小说《决斗》，并在《青年杂志》上登载，这也是《青年杂志》上最早的一篇白话文学作品。

1916年3月22日，袁世凯在众叛亲离的情况下被迫取消帝制，胡适闻听后作《沁园春·誓诗》一首，表达了将文字革命进行到底的决心：

更不伤春，更不悲秋，以此誓诗。任花开也好，花飞也好，月圆固好，日落何悲？我闻之曰："从天而颂，孰与制天而用之？"更安用为苍天歌哭，作彼奴为！

文章革命何疑？且准备搴旗作健儿。要前空千古，下开百世，收它臭腐，还我神奇，为大中华，造新文学，此业吾曹欲让谁？诗材料，有簇新世界，供我驱驰。

本词振聋发聩，汪洋恣肆，可比辛弃疾。胡适也特别看重这首词，前前后后共改了多次。胡适后来有个附记，说"此词修改最多，前后约有十次，但后来回头看看，还是原稿较好"。

终于，1917年1月1日《文学改良刍议》出炉，刊登在《新青年》第2卷第5号上，这是中国新文化运动史上最初的号角。在这篇文章里，胡适首先提出了文学改良的八条革命性的准则：一曰，须言之有物；二曰，不摹仿古人；三曰，须讲求文法；四曰，不作无病之呻吟；五曰，务去滥调套语；六曰，不用典；七曰，不讲对仗；八曰，不避俗字俗语。

这篇隔着三万里寄到中国来发表的文章被陈独秀称为"今日中国文界之雷音"，令他嗟哦半日。而胡适的名字也由此风靡学界。陈独秀在收到胡适的《文学改良刍议》一文后，给胡适写信，推荐他去北大任教：

蔡孑民先生已接北京总长之任，为约弟为文科学长，北荐兄下以代。此时无人，弟暂充之。孑民先生盼足下早日回国，即不愿任学长，校中哲学、文学教授俱乏上选，足下来此亦可担任。学长月薪三百元，重要教授亦有此数。

1917年春节之后，陈独秀携夫人及子女从上海搬到北京，《新青年》编辑部同时搬到北京。动身之前，陈独秀写了一篇《文学革命论》，刊登在《新青年》2卷2期上，力挺胡适的主张：

文学革命之气运，酝酿已非一日，其首举义旗之急先锋，则为吾友胡适。余甘冒全国学究之敌，高张"文学革命军"大旗，以为吾友之声援。旗上大书特书吾革命军三大主义：曰，推倒雕琢的、阿谀的贵族文学，建设平易的、抒情的国民文学；曰，推倒陈腐的、铺张的古典文学，建设新鲜的、立诚的写实文学；曰，推倒迂晦的、艰涩的山林文学，建设明了的、通俗的社会文学。

陈独秀的这篇文章将胡适的个人意见，变为北京大学文科学长领导下的权威意见，成了全国性一个严重的问题，中国文学从此进入了一个新旧斗争的激战时代。

中国三千年封建学术文化的旧模式已到了尽头，苟延残喘。新文化的曙光已经透过云层而出，以胡适、陈独秀等人为代表的思想文化新模式正如一轮红日冉冉而升。然而旧文化的堡垒还没有被完全克服，就像胡适所说："因为裹了几十年的小脚，一朝放大，还是不能恢复天足的。"

风月总关情

中国新文学史上第一篇白话小说究竟是哪一篇？长期以来被公认的是鲁迅的《狂人日记》。然而早在鲁迅发表《狂人日记》一年以前，中国留美女学生陈衡哲就在《留美学生季报》上发表了她的白话小说处女作《一日》。胡适曾评论说："当我们还在讨论新文学问题的时候，莎菲（陈衡哲笔名）已开始用白话做文学了。《一日》便是文学革命讨论初期中的最早的作品。"

陈衡哲不愧一代才女，与谢冰心、凌淑华、冯沅君、黄庐隐、苏雪林一样驰名。柯灵称赞她们："大都出生于仕宦之家，还是清末的遗民，有的留学海外，浥欧风，沐美雨，或多才多艺，或作家而兼学者，格调高雅清婉，上承古典闺秀余绪而别具五四新姿。"

而陈衡哲与胡适之间，还有一段不为人知、似有似无的情缘。

1915年夏天，胡适的同学兼老乡梅光迪毕业于威斯康辛大学，在绮色佳与帮同学度过暑假，假后将转入哈佛大学去跟随当时有名的文学理论家和批评家白璧德继续深造。胡适特意为他写了一首长诗《送梅觐庄往哈佛大学》，其中有这样两句：

神州文学久枯馁，百年未有健者起。

新潮之来不可止，文学革命其时矣。

任鸿隽读后作了一首打油诗,把原诗中的十一个外国字译音连缀起来,其中一句"鞭笞一车鬼,为君生琼英",更是在最后一句嘲讽胡适"文学革命"的狂言:"文学今革命,作歌送胡生。"胡适看罢写了一首严肃的诗来答复任鸿隽,其中有这样一句:"诗国革命何自始?要须作诗如作文。"不成想这一句又遭到任鸿隽的炮轰:"近来颇思吾国文学不振,其最大原因,乃在文人无学。救之之法,当从绩学入手。徒从文字形式上讨论,无当也。"

胡适看完"徒于文字形式上讨论,无当也"这一句茅塞顿开,开始尝试写白话诗。1916年夏天,任鸿隽、陈衡哲、梅光迪、杨杏佛、唐钺等人在绮色佳相聚,胡适没有参加。任鸿隽写了《泛湖记事诗》一首,用了不少文言典故,陈词老调,事后遭到了胡适的批评,于是又引起了新的论争。任鸿隽说:"白话有白话用处(如作小说、演说等),然不能用之于诗。"梅光迪也插进来论战,他写信给胡适说:"文章体裁不同,小说词曲固可用白话,诗文则不可。"并嘲笑胡适的白话诗,好像儿时听"莲花落"一样,找不出一点诗味来。朱经农是胡适在中国公学的好友,这时也来到美国,他写信劝胡适,"白话诗无甚可取"。

陈衡哲当时就读于美国瓦沙女子大学,距绮色佳有数小时火车的距离。她到绮色佳度暑假时,胡适已进了纽约的哥伦比亚大学,失却了见面的机会。后经任鸿隽介绍,陈衡哲始与胡适通信。当时胡适作为《留美学生季报》的编辑,写信请莎斐做文章。陈衡哲并未见过胡适,倒是对胡适所言"我诗君文两无敌"颇有微词。"我诗"便是说胡适的诗,"君文"指的是任鸿隽的文。陈衡哲不屑地说:"岂可舍无敌而他求乎?"意思是:你既然和任鸿隽诗文无敌,还要我们作甚呢?

话虽这样说,陈衡哲对胡适的才情还是打心底钦佩,两人的书信往来也没有断过。在这期间胡适最为开心的是每天早上六点钟左右跳下床,捡起从门缝里塞进来的信,然后又躺回床上,一封封拆开看,其中大多是陈衡哲的信。

胡适几乎每日写一首诗,有时甚至一日数首,陈衡哲叫他"榨机"。这话被任鸿隽听到了,顿觉好玩,于是在胡适生日那天寄诗云:

文章革命标题大,白话功夫试验精。
一集打油诗百首,"先生"合受"榨机"名。

胡适做《答叔永》诗:

人人都做打油诗,这个功须让榨机。
欲把定庵诗奉报:"但开风气不为师。"

胡陈两人虽未谋面,心灵却早已相通,1916年,任鸿隽正担任《留美学生季报》主编,收到了两首五绝:

月

初月曳轻云,笑隐寒林里;
不知好容光,已映清溪水。

风

夜间闻敲窗,起视月如水;
万叶正乱飞,鸣飙落松子。

任鸿隽如发现新大陆般欣喜若狂,他把诗抄寄胡适,要他猜是何人所作。胡适回信说:"两诗绝妙!《风》诗吾三人(任、杨及我)若用气力尚能为之;《月》诗绝非我辈寻常蹊径。……足下有此情思,无此聪明;杏佛有此聪明,无此细腻……以适之逻辑度之,此新诗人其陈女士乎?"一语中的,果是陈女士衡哲,当时她已是任鸿隽的女友。

1917年4月7日由任鸿隽陪同,胡适与陈衡哲才见了第一面。胡适在《藏晖室札记》中记道:"4月7日与叔永去普济布施村访陈衡哲女士,吾于去年10月始与女士通信,五月以来,论文论学之书以及游戏酬答之片,盖不下四十余件。在不曾见面之朋友中,亦可谓不常见也。此次叔永邀余同往访女士,始得见之。"这是胡适在美留学期间与陈衡哲女士的第一次见面,也是唯一一次的会晤,但其精彩,可谓"神来之笔"!

在短短的五个月之内,胡适单方面便寄出了信函"四十余件",差不多每月十件,为数颇不算少。尤其是那些"游戏酬答之片",双方的感情还是很亲密、很谐趣的。1914年11月1日,因彼此称呼问题,"寄陈衡哲女士"云:

你若"先生"我,我也"先生"你。
不如两免了,省得多少事。

11月3日,记"陈女士答书"曰:

所谓"先生"者,"密斯特"云也。
不称你"先生",又称你什么?
不过若照了,名从主人理,我亦不应该,勉强"先生"你。
但我亦不该,就呼你大名。还请寄信人,下次寄信时,申明要何称?

胡适答云:

先生好辩才,驳我使我有口不能开。
仔细想起来,呼牛呼马,阿猫阿狗,有何分别哉?
我戏言,本不该。

下次写信，请你不用再疑猜：

随你称什么，我一一答应响如雷，决不再驳回。

你来我往，谈笑游戏，这种情感比朋友浓一些，又比情人淡一些，但风月总关情，大概不会错。很多人想要解开胡适与陈衡哲之间的感情谜团，结果都徒劳无功，仅是猜测罢了，至于他们心中的波澜，又有谁会晓得呢？

在他们情感的天地里，我只是旁观者，不是裁判员。

第三章 胡同里的记忆

她把门儿深掩

电影《卧虎藏龙》里面,李慕白白衣飘飘,牵马从徽州南湖的一座小桥上走过,去寻俞秀莲,"杏花零落昼阴阴,画桥流水半篙深",说的便是这座桥。

青幽幽的石板路,从南湖这一端的田边,伸向南湖那一端的村落,中间,镶嵌着一弯弓形的画桥。走上青石板的小路,走过弯弯的小桥,稍不留神,就走进了一幅亦古亦今的立体画儿里。画儿里滴着水墨和颜料,感到了丝丝潮气。而桥上正立着一位妙龄姑娘,粉衫黑裤,明眸皓齿,一条浅色的帕子十分随意地系着乌溜溜的长发,撑开一把白色的小纸伞,似乎在娓娓诉说着什么,脚下的湖面也随着她的绣口而荡起一丝涟漪。

七年之后,当胡适再次来到这个地方时,该是怎样一种心境呢?

1917年5月22日,胡适参加博士学位的最后考试。博士论文题目是《中国古代哲学方法之进化史》,这篇论文约9万字,花了9个月时间完成。胡适用杜威等西方人的研究方法去研究中国的古代思想家,是这篇论文中的特色。

接下来就是口试部分,胡适走进考场抬眼一望,上面坐着六位大主考,他的导师杜威和夏德也坐在当中。这六位主考中只有夏德是懂汉文的汉学家,但也读不懂先秦典籍，其他五位洋学者对汉文一字不识。与他们谈论先秦名家之学，胡适感觉颇有对牛谈琴的味道。在不断的质疑、提问和答复中，历时两个半小时的口试终于结束了，虽然结果很不理想，然而这也意味着七年的留学生涯画上了句号。

6月10日，胡适带着行李，返回了绮色佳，直接住到了韦莲司家里。胡适本来打算第二日便离开，但禁不住教授的再三挽留，只得多住了两天。看着自己的意中人大包小包马上就要远航，可能毕生都不得相见，韦莲司心痛不堪，自然没有好精神，只是强颜欢笑，挽留这最后的一点时光。

6月14日，胡适告别韦莲司一家，去了纽约水牛城坐火车，6月21日，胡适从加拿大温哥华搭乘"日本皇后号"邮轮归国，从1910年7月离开上海赴美算起，中间仅仅差了两天就是整整的七年。船上的夜晚异常清冷，一轮偌大的明月悬挂在海面上，将海船甲板照的如白昼一般。孤舟带月，海天冲浪。在这明月映下的大洋两岸，一边是恋人韦莲司和朋友任鸿隽、陈衡哲、梅光迪等，一边是分别已久的亲人，离家时日太久，胡适浑然间不知道自己真正的家乡到底在何方了。

而真正让胡适辗转难眠的，却是另一个女人，她的名字叫江冬秀。

江冬秀是无辜的，我只能这样说。

1904年，在一年一度的太子会上，江冬秀的母亲第一次看到了眉清目秀的胡适，并且替女儿"一见钟情"，要这个少年做她的女婿，而此时的胡适，也仅仅只有13岁。

冯顺弟听闻此言后却只微微一笑，不肯表态，现今胡家已然落败了，江家却仍富裕。另外，江冬秀比胡适大一岁，绩溪的乡风是："宁可男大十，不可女大一"，因而胡家不想攀结这门亲事。胡家不想高攀，江家却想低就，托本家叔叔上门联姻。胡家不忍再拒，加上算命先生说两人八字相合，冯顺弟也只好允诺了：既然缘分天注定，怎敢违抗？

胡适多年游学在外，不能奉养母亲；加之家庭经济拮据，母亲甚至以首饰抵借过年。这些都让胡适愧疚不已,所以在婚姻问题上,胡适万不敢违抗母命。于是便找各种理由,来自我宽解,以为旧婚约"名分"已定,"亦往往能长成真实之爱情"。

胡适留美的第二年,在康奈尔大学农学院给江冬秀写了第一封信:"前曾于吾母处得见姊所作字,字迹亦娟好可喜。惟似不甚能达意,想是不多读书之过。姊现尚有工夫读书否?甚愿有工夫时能温习旧日所读之书。如来吾家时,可取聪侄所读之书温习一二。如有不能明白之处,即令侄辈为一讲解。虽不能有大益,然终胜于不读书,令荒疏也……"

江冬秀比胡适大一岁,胡适在称呼上用"冬秀贤姊",以示亲密。接到信后,江冬秀既喜又悲,尚未出阁的她,自然不能执笔以寄相思,况且她又识字不多,不得不请胡适的叔叔代笔,而这封别人代笔的信直到两年后才寄到了胡适那里。

1914年6月6日,胡适的同学任鸿隽给他拍摄了一张"室中读书图"照片,"极惬余意"。于是胡适将此照寄了一张给母亲,又去添印了6张,分别给国内亲友——也寄了一张给江冬秀,并题写绝句一首:

万里远行役,轩车屡后期。
传神入图画,凭尔寄相思。

胡适同时也收到家中寄来的照片,见冬秀站在他母亲身侧,触景生情,写下长歌《出门何所望》190字,其中写到未婚妻冬秀的,则是"图左立冬秀,朴素真吾妇。轩车来何迟,劳君相持久。十载远行役,遂令此意负。归来会有期,与君老畦亩","辟园可十丈,种菜亦种韭。我当授君读,君为我具酒"。胡适想的完全是桃花源式的耕读生活:他教冬秀读书,冬秀为他具酒,夫妇耕读和乐,虽然不是琴瑟相随,倒也极具诗情画意。

而今,胡适终于把手伸进了故乡,伸进了乡野的清新时光,看着眼前的风雨山色,他的心情应该是急切而慌乱的。

胡适致信给江冬秀，想要见她一面，却被告知她偶感微恙，尚未痊愈。性急的胡适便直接找到她庄上去，此时岳母已然离世，岳家由舅兄江耘圃主持，他们立即设盛宴招待这位来自美国的乘龙快婿。席间，胡适要求一见冬秀，然后议定完婚日期，于是江冬秀的哥哥耘圃陪同胡适去江冬秀闺房。近门处，胡适被留在门外稍候，耘圃进去通知。

　　这时楼上楼下聚集了很多江家的男男女女，争相一睹洋博士姑爷的风采。不多时，耘圃出来，面色很是尴尬，原来是江冬秀不肯见这个从未谋面的郎君，他又叫七都的姑婆进去劝江冬秀。一会儿姑婆出来，招胡适进房去，江冬秀却躲在床上，床帐都放下来了。姑婆要去强拉床帐，被胡适拦住了，自己也退了出来。在临走的时候，胡适回头看见帐幔隐隐在颤动，好像是这位老姑娘正在帐中暗自流泪哭泣。

　　胡适吃了闭门羹，心头有气，但是又一想，此事也怨不得江冬秀，都是旧家庭的旧俗所误，他当晚就在江家本家宿了一夜，清晨留一封信给冬秀：

　　昨日之来，一则欲与令兄一谈，二则欲一看姊病状。适以为吾与姊皆二十七八岁人，已常通信，且曾寄过照片，或不妨一见，故昨晚请姊一见。不意姊执意不肯见。适亦知家乡风俗如此，绝不怪姊也。适已决定十三日出门，故不能久留于此，今晨须归去。幸姊病已稍愈，闻之甚放心。姊好好调养，秋间如身体已好，望去舍间小住一二月。适现在不能定婚期，然冬季决意归来。婚期不在十一月底，即在十二月初也。

　　回到上庄后，乡人问胡适新人怎样，胡适谎道，见过了，很好，只把真相告诉了母亲。冯顺弟知道后忿忿不平，要去江家讨公道，却被胡适劝阻了。夜里，胡适的心却久久不能平复，咫尺之间的未婚妻不肯见他，这却是为何？此事不能对旁人说，而自己又堵得难受，于是这就在纸上挥洒了出来：

她把门儿深掩，不肯见来相见。难道不关情，怕是因情生怨？休怨！休怨！他日凭君发遣。

几次曾看小像，几次传书来往。见见又何妨？休做女孩儿相。凝想，凝想：想是这般模样。

正是这一个矜持，一个大度，才理智地跨越了婚前的最后一道沟，胡适也在后来对韦莲司说："她实在太矜持了点儿！可是，我想我也得到了一点儿教训。"一年后，新婚余温尚在的夫妇二人在北京闲话，无意谈到此事，于是诞生了一首绝妙的《如梦令》：

天上风吹云破，月照我们两个。问汝去年时，为甚闭门相躲？谁躲？谁躲？那是去年的我！

洞房昨夜停红烛

除去黄山，徽州大抵没有别的悬崖峭壁，反倒是由若干灵动的线条堆积起来的缠绵起伏，一如这个地方的女人，柔美而妖艳。要是非要在这青山绿水之中找出些多情仙妖的传说，那你恐怕要失望了。徽州的山缥缈却不虚无，水柔和却不深邃。留给这个地方最多的，是高大的城墙上留下的一道道历史。

沿着条幽深的小巷往前走，却意外碰到了一场别开生面的婚嫁。

红。

映入眼帘的只有这一个字。满目的红，红彤彤的花轿，红彤彤的衣裳，红彤彤的伞，将那条千年的小巷都染红了。

徽州是程朱理学影响最深的地方，民间历来十分注重礼数。不过这旧时的婚礼习俗，倒颇有些看头。

在成亲的当天，新娘要在天没亮之前洗个澡，换上结婚的礼服，并在迎娶新娘的轿子快要到来的时候，主事人会带着新娘去参拜祖宗，再由新娘的姑妈或舅妈用两根蓝白丝线将新娘脸上、额头上的汗毛绞去，此环节叫"开脸"，否则要被人讥笑为"毛脸"。开脸意味着姑娘的时代已经结束，开过脸的姑娘就要换上"离娘衣"，穿好婚鞋，坐在床上，脚不能落地，只等着花轿进门，兄弟来背了。

男方在迎娶新娘时，要用花轿去抬，谓之"接亲"。接亲人员一般为媒人、喜娘、舅舅、姑父以及与新郎、新娘年龄相仿的青年男女，还有一对"金童玉女"。抬轿者为四人，富贵人家为八人，接亲人马到了女方家里，女方大门紧闭，要待男方在门缝中塞足了"喜包"，方才打开大门，鸣炮让轿子抬进去放在堂前事先准备好的大红毯上。然后就是开始"哭嫁"。据说是"不哭不发，哭哭发发，越哭越发"。所以，别看此时母女抱头痛哭，其实哭声中更多的是乐感而不是悲伤。

期间，突然听到三声炸雷般的爆竹声，那是催促新人上轿的招呼礼节，于是哭声进入高潮。然后，由新娘的哥哥或弟弟背着新娘从房间里出来，踩着麻袋，将新娘送进轿子中。寓意是不能让女儿自己走出来带走了娘家的财气。

花轿出门后，女方家人会偷偷盛一碗水，随着出门的花轿泼出去，象征"嫁出去的女儿，泼出去的水"。同时会有人立即将簸箕朝里掀起，并随手将石磨、犁头、杵等压在停放轿子的地方，然后马上把大门闩上。

花轿到了男家村口即止步不前，新娘必须由新郎背进村子，据说这种习俗是来源于"婚后若是吵架，媳妇就可以声称'又不是我自己走上门的，是你把我背进来的'典故"。

新娘背进屋，花轿至男宅落地，稍事休息，待时辰到时，即行拜堂礼：新娘披着红头盖与新郎官站在一起，在长辈、亲戚、朋友的众目睽睽之下，听着主婚人先是一串串赞声，由着主婚人一面唱一面拜，"一拜天地、二拜高堂、夫妻对拜"，撒五谷、抛喜糖，而后掀起盖头，步入洞房。

接下来，花烛酒宴散席后，亲戚好友聚集新娘房里，用各种不同的方式逗新娘发笑或是出一些难题来捉弄他们，以此取乐，俗称"炒发"。这一天闹将下来，最累的当属新郎新娘，不过倒也累并快乐着，过了午夜，婚礼便在吵吵闹闹中结束了。

然而，有人却对这种婚礼旧习俗深恶痛绝，扬言要改革，并自创了自己的婚礼仪式，他就是胡适。

1917年12月30日，胡适在绩溪上庄老家与江冬秀结婚。

主婚人江耘圃，证婚人胡昭甫，女傧相叫曹诚英，是胡适三嫂的妹妹，年方十六。胡适亲自写了两副对联：一副是"旧约十三年，环游七万里"；另一副上联是"三十夜大月亮"，下联一时没有想好。这时，他身旁一个绰号叫"疯子"的本家哥哥毓蛟，虽无功名，却有捷才。他脱口而出："廿七岁老新郎"，巧妙而风趣地对了那幅上联。胡适认为很好，照着写了。

胡适身穿西装礼服，戴礼帽，着黑皮鞋；江冬秀穿花袄、花裙。双方交换金戒指，证婚人讲话，新郎讲话，没有拜天地，向长辈行礼和新夫妇交拜礼，都是以鞠躬代替叩头。这是胡适自创的婚礼仪式，在古老闭塞的深山里，是别具一格的。为此他还和母亲争执了好几天，最后母亲同意了他的改革，但前提是三天后要到祠堂向祖先牌位鞠三个躬。

月上中天，这对迟了十三年的伴侣终于同坐在了窗下，静夜如水，黑暗中仿佛有精灵在偷听他们的窃窃私语：

十三年没见面的相思，于今完结。
把一桩桩伤心旧事，从头细说。
你莫说你对不住我，
我也不说我对不住你，——
且牢牢记取这十二月三十夜的中天明月！

第二天收拾房间,胡适打开江冬秀的嫁妆,发现里面有一把剪刀,业已生锈,那是江母在1908年准备的,已有十多年了,可惜老人却最终没能等到此刻。那时的风俗是不允许换嫁妆的,所以江冬秀嫁过来时,依旧带着昔日的嫁妆。只见眼前物,却未曾与丈母娘见上一面,如何不教胡适心痛,而面对眼前这个苦苦等了自己十多年的娇娘,他心中却又充满了无尽的内疚:

    记得那年
    你家办了嫁妆,
    我家备了新房,
    只不曾捉到我这个新郎。
    这十年来,
    找了几朝帝王,
    看了多少世态炎凉。
    锈了你嫁妆剪刀,
    改了你多少嫁衣新样,
    更老了你和我人儿一双。
    只有那十年的陈爆竹,
    越陈便越响。

新婚蜜月中另一件大事,便是伴新娘子"回门"。江家此时实际已门庭冷落,这对新婚夫妇在江母坟前默默凭吊,恭恭敬敬行三鞠躬礼。胡适心中感触尤多,由于自己的坚持,由于自己的留学学业,使岳母不能如愿,抱憾终生。他因此写了一首诗告慰道:

    回首十四年前,

初春冷雨,

中村箫鼓,

有个人来看女婿,

匆匆别后,便将爱女相许。

只恨我十年作客,归来迟暮,

到如今,待双双登堂拜母,

只剩得荒草孤坟,斜阳凄楚!

最伤心,不堪重听,灯前人诉,阿母临终语!

徽州女人

徽州山水虽妩媚,却远不及徽州的女人。徽州女人的故事之悠长,是一辈子都说不尽的,她们生是为了这徽州而生,死却也是为了这徽州而死。倾尽一生来演绎一幕幕如梦如幻的话剧,而她们的谢幕却丝毫不华丽,静得像一滩水,一滩徽州的水。

无意间听到徽州的一首民谣,道出了徽州女人的心事:"悔呀悔,悔不该嫁给出门郎,三年两头守空房,图什么高楼房,贪什么大厅堂,夜夜孤身睡空床。早知今这般苦,不如嫁给卖油郎,白天同桌,晚上同床。"

徽商走之前家里给娶个媳妇,一辈子也见不着几回面。家家厅堂里都有张合欢桌,从桌子的摆放可以看出男主人是否在家。男人离家,圆桌一分两半,东西面墙而立。男人回家,桌子合圆放在厅中间。

来徽州之前,我就听说过一个这样的故事:

婉容在15岁时乘着一顶花轿成了别人家的媳妇,那一张火红的盖头揭开了女人的一生,也埋葬了女人的一生。

丈夫是一个徽商，排行老五，所以刚嫁作他人妇的婉容被别人唤为"五嫂嫂"。新婚的日子总是甜蜜的，郎情妾意，如白糖里洒满了蜂蜜，甜腻而后味十足。少男少女的心思，也同天上的繁星一般清晰，只愿此生常相随。

然而好梦难留，一个阴雨绵绵的早晨，丈夫背起沉重的行囊与婉容挥手告别。细雾迷住了婉容的眼，远处的空气中也飘着淡淡的忧伤。天地间遥遥的雨线串起江上的水，轻泛层层涟漪勾起婉容的满腹心事。她的泪水溢满惆怅，望着丈夫渐行渐远，直至消失在烟波浩渺里。那是他们婚后的第七天。

丈夫走的第一天起，婉容就开始了细数归期。

丈夫在外面求名利，婉容一手操持这个家，洗衣，做饭，收茶园……一年一年，昔日如玉葱般的手指也渐渐磨起了老茧，只是不见丈夫回家的身影。每年，都会收到丈夫寄来的一份家书，说不久便回，不久便回，可每年，这个誓言都在重复。寂寞无助的日子里，婉容以刺绣为生，到每年年底，就将日常辛苦积攒下来的积蓄，换回一颗珠子，用以记岁。

皖南大地那随处可见的贞洁牌坊上几处风中摇曳的茅草几度枯了又荣，新安江水流淌着太多徽州女人的泪水，不知多少次地潮涨潮落。婉容仍然梳着整齐的发髻，孤零零地伫立在村口桥头，在凄风苦雨中苦苦地盼着自己丈夫的身影。那七重古老的门，锁住了女人的一生。

日子在盼望，渴望，失望中度过一年又一年，五嫂嫂也熬成了五婆婆，仍不见丈夫回来。婉容已记不起丈夫的模样，只把心底的一丝牵挂当作爱情来点缀。等待已经不再是需要，而是煎熬。在婉容47岁时，终于含怨而死，那一刻，丈夫还是杳无音信。

后来丈夫还乡，婉容却早已不在了。打开妆匣，里面已积聚了二十几颗珠子。人生能有几个20年？一颗珠子一年泪啊，这里头凝结着多少相思和哀怨！

一世夫妻仅七天，这就是旧时的徽州女人。

旌德县江家老宅后面，是一座并不甚高的山，山上漫山遍野都是柿子和野核桃，而这两样也是胡适的最爱。天已深秋，偶见大雁从上空飞过，墙上的茅草在寒风的吹拂下瑟瑟发抖，江冬秀穿了棉袄，拿根长竿在山后打核桃。

刚好一个顽童从她身边经过，向她喊道："你别打了，糜先生不会回来吃的，他在美国娶洋女人，都生下浑身是毛的小洋人了。"这种谣言已经在山里传遍了，却从未有人当着江冬秀的面说过。江冬秀忍不住眼泪掉了下来，心中剧痛，转身拿竹竿追打这个多嘴的顽童。可惜人家跑得太快，小脚女人根本追不上，只好无奈地扔下竹竿，蹲在地上痛哭。

白天还好，江冬秀最怕的是黑暗的夜晚，黑暗得让人窒息。漫漫长夜最难熬，孤枕难眠，寂寞难耐。无奈中，抛撒出一把铜钱，吹灭油灯，俯在地上，一个一个地摸索起。复而又抛，如是三番。直到东方发白，雄鸡啼鸣。

那一年，她已26岁，是一个很老很老的姑娘。

听到胡适在外面娶了洋女人的流言后，老姑娘江冬秀不时地到上庄来，表面上是来陪伴未来的婆婆，其实内心里是想得到胡适的消息。江冬秀的家虽说已走下坡路，但是仍有大片良田，家中仆佣也有好几个。可是上庄的胡适家已败落，凡事都得亲自去做，大家都在起早摸黑地干活，江冬秀自然也不好袖手旁观，每天五点就起来，喂鸡喂猪打扫庭院。有一天天还没亮，她正在院子里扫地，江村一个姓曹的表哥过来办事，看到江冬秀正在扫地，大吃一惊："哎哟，冬秀啊，你在娘家做小姐，怎么到了婆家反倒变成了下人？"江冬秀心里正委屈，一听这话，马上哭起来："这里全家老小都在做事，我怎么好意思不做？"

可是，纸总归包不住火，江冬秀的母亲知道女儿在胡家受的委屈，就狠下心掏出私房钱给冬秀买了个叫梅香的丫环，江冬秀只要来上庄，梅香必定陪着同来，代替冬秀在胡家干活。

终于上天被打动了，把她的如意郎君送到了她身边，她不懂他的哲学，不懂他的诗，她只是在意他。只是她比他大一岁，这种爱让人觉得更加心疼，更加迷幻。

新婚不到十天，北京的蔡元培等人就打电话叫胡适来京任教，胡适自是百般不情愿，推脱之下，胡适在家又住了一个月，于1918年1月24日启程赴京。新婚的余温尚在，家里又丢下了江冬秀一个人。

我造访胡适故居的时候，特意观看了胡适和江冬秀完婚的新房。门上的"旧约十三年，环游七万里"对联早已掉落，自是不必说。只见房间里面陈列着一架雕花大木床，床头挂着一把铜剑，卧室内还有一张四仙桌、一张三屉桌、一个大衣橱，均已油漆斑驳。地面铺地坪，窗户高而窄，由于久不住人，显得非常潮湿阴冷。

返回到宿地，刚好看到一大帮人围着电视品头论足，往近了，看见上演的正是最近热播的《徽州女人》。剧情讲述的还是深宅大院里女人的苍凉命运：女人十五出嫁，丈夫剪辫出走……十年后，丈夫杳无音信。公婆和长辈忙着为女人改嫁，丈夫的电报回来了……又是十年后，丈夫仍不归，女人绝望。小叔送来养子，她有了期盼……再过十五年。丈夫回来，带回了妻……

随后响起了片尾曲，却又一次将我带到了高墙大院之中：

古宅中住着徽州女人，

一年四季，紧闭着门。

夜深人静时她飞针走线，

画窗映着她孤独的身影。

有谁能看到她的伤心？

凄美的脸庞挂满泪痕；

有谁能听见她的叹息？

她在思念中孤独一生。

徽州女人，苦苦地等，

一生一世守着缘分；

徽州女人，痴痴地等，

温婉静雅，不染风尘……

窗前月，相思尽染

　　胡同是古老北京的特色之一，从某种意义上说，也是老北京的代名词。大片的四合院就分布在数不清的胡同里，京腔、京调、京味都是胡同的产物。有人说，胡同、四合院，是最适合人居住的地方，人们之间那浓得化不开的亲情再也不能在高楼大厦里体现出来。

　　最有意思的是北京的胡同名称，非常值得人咀嚼。什么"扁担胡同""耳挖勺胡同""豆芽菜胡同""羊肉胡同""小沙果胡同"，等等……后来，胡同的名字变得好听了，粗俗的逐渐变文雅了。名为"鸡爪"的胡同改成了"吉兆胡同"；名为"牛血"的胡同改成了"留学胡同"；"大哑巴胡同"，现在已变成"大雅宝胡同"；而"钟鼓寺胡同"，原先也是"钟鼓司胡同"，因为清朝时有过一个官衙叫"钟鼓司"，就设在这里。后来因为这里有个小庙，慢慢又变成了"钟鼓寺"。

　　我不知道现在我面前的这个钟鼓寺胡同 14 号院是不是就是胡适昔日的故居，但从文献上来看，胡适的确在钟鼓寺胡同 14 号院同新婚夫人江冬秀度过了一段笙磬同谐的生活。

　　胡适回国后已来过北京一次，结识了蔡元培等人，并被蔡校长任命为北大英文部教授会主任，月薪二百元，与文科学长陈独秀相当。

　　初来北京的胡适住在朝阳门南竹竿巷的缎库胡同里，当时他是与高一涵合租一院，房钱不过每人每月三元。缎库胡同距天安门不远，从天安门往东走，经过高大的红色宫墙，向北拐进南池子大街，前行两三百米，就到了缎库胡同。胡同拐角一处院子木门的左上角，上面"缎库胡同 8 号"提示这里就是胡适初来北大的居所。

婚后独自北上的胡适，自是感伤寂寞，心头有万般滋味。就在这个小院里，他抬头仰望天空，看见鸽子成双成对在空中游戏，白羽映着蓝天，格外和气，便觉忧从中来：

十几年的相思刚才完结，

没满月的夫妻又匆匆分别。

昨夜灯前絮语，全不管天上月圆月缺。

今宵别后，便觉得这窗前明月，

格外清圆，格外亲切！

你该笑我，饱尝了作客情怀，别离滋味，

还逃不了这个时节！

此诗寄到江冬秀手里后，江冬秀满心欢喜，甜蜜无限，但又觉得胡适所写乃闺中秘事，不宜为外人道也，于是在信中叮嘱胡适："二函收到，深为欢喜。此诗从头细看一遍，再又看一遍。笑话，此诗只有夫妇说说笑话，千万不可与别人看……不过四五个月，又要相见……你我不必挂念，夫妇同到北京，日夜相见，可多多说说笑话。"

胡适体贴娇妻，为方便两人相互倾吐思念之情，于是在信中嘱咐道："如不愿他人见了，可用纸包好，附入家信中。"后来胡适更是假借梦见母亲生病为由，赤裸裸地表露对新婚妻子的满腔关爱："你自己的病，可好了没有？昨天我看到一书上说，女子月经来时，切不可有发怒、忧扰、气恼诸事。我想你前两个月不痛经，是因为心事宽了之故。本月又痛经，想是因为心事不宽之故。下月月经将来时，可以先扫除一切心事，再看还痛不痛。无论如何，望你写信时，也细说自己身体如何，千万要写信，不可忘记。"两周后，仍不见江冬秀来信，胡适又写信催她："我从前有信要你写信与我，何以至今无信来。这个月月经来时，还痛经吗？……千万写信寄来。"胡适还在这句话下面，画了强调语气的圈圈。后来胡适还用蜜月期二人所照的相片为饵。这些照片一共十八张，他带回北京冲洗，从二月中旬开始，就陆续把照片寄回家。他哄着江冬秀给他写信："看见你的照片了，可好不好？你多写几封信与我，我便替你多印几张回家去送人。"

此前，他还写过一封更加情意缠绵的信给江冬秀："你为何不写信与我了？我心里很怪你，快点多写几封信寄来吧！今夜是三月十七夜，是我们结婚的第四个满月之期，你记得么？我不领略你此时心中想什么？你领略我此时心中想的是什么？……我昨夜到四点多钟始睡，本日八点钟起来，故疲倦了，要去睡了。窗外的月亮正照着我，怜惜你不在这里。"这封心中有隐语、也有暗示，对妻子的恋爱和思念呼之欲出，也是他们新婚最亲密、最缠绵的写照。

元宵节的第二天，胡适起床后洗脸，要照镜子，却遍寻不着，剃须刀也不见了。胡适检查之下，这才发现遭了贼，丢了好多东西。不久后胡适便搬出了缎库胡同，住进了钟鼓寺胡同，一方面是这地方距离北大更近，另一方面胡适想让江冬秀来北京，于是租下了这个院子。这院里有九间正房，五间偏房，两间套房，与江冬秀的亲戚江朝宗住宅相隔一条巷子，房租每月二十元。

曾经拜访过胡适的毛泽东1920年7月寄给胡适一张明信片，收件人地址是：北京南池子缎库后胡同，此时的毛泽东不知道胡适已搬至这里了。

胡适原来的想法，是蜜月以后就把江冬秀带到北京。然而事与愿违。由于母亲为他张罗婚事，忙到了生病。虽然在胡适离家之前母亲的病已经痊愈，但在此时把母亲抛下总有些说不过去，再加上北京当时时局不稳，于是胡适把江冬秀留下，只身来到了北京。

后来胡适几番写信向母亲倾诉"我在此亦很寂寞，极想冬秀能来。此人之常情"之类的话。并以暑假没时间回家为由向母亲诉苦。终于，母亲同意江冬秀来北京，5月30日，江冬秀便与侄儿思永离家，在江家小住了两日，接着由兄长耘圃带领来到北京，同行者还有江冬秀的堂弟江泽涵。

小别胜新婚的欣喜还没有淡去，胡适就在信中对母亲俏皮地抱怨："自冬秀来后，不曾有一夜在半夜后就寝。冬秀说，她奉了母命，不许我晏睡。我要坐迟了，她就像一个蚊虫来缠着我，讨厌得很！"这抱怨中倒有一半是欣喜和得意，而这种喜悦感似乎延续了好几年，在1920年12月17日，阴历十一月初八，是胡适的阳历生日，又刚好是江冬秀的阴历生日。胡适说这是"百年难遇的巧事"，就写了一首《我们的双生日》为纪念：

他干涉我病里看书，
常说，"你又不要命了！"
我也恼他干涉我，
常说，"你闹，我更要病了！"
我们常常这样吵嘴——
每回吵过也就好了。
今天是我们的双生日，
我们订约，今天不许吵了。
我可忍不住要做一首生日诗，
他喊道，"哼，又做什么诗了！"
要不是我抢得快，
这首诗早被他撕了。

　　这妙趣横生的一幕就发生在钟鼓寺胡同14号，而现在，我们只有在书里，在代代相传的记忆里，才能找到一星半点失去的曾经。我向本地人打听附近的一条胡同，他说没有，这地段，满大街都是写字楼了，哪有什么胡同啊。我不信，一个劲地说：肯定有，我几年前还来过。

　　可我始终没有找到，青砖灰瓦上，写着偌大的"拆"字，被圈了起来。胡同里繁衍出来的文化因为胡同的消失而无处安放四处流浪。

初冬的胡同里，童年时代就有的"冰糖葫芦"一直薪火相传，幸好这段历史尚未被切割。

北大添个年青人

蔡元培就任北京大学校长是中国现代教育史上一件极具导航意义的重大事件，北京大学正是在他的领导之下，经过一番摧枯拉朽的改革与创新，如凤凰涅槃般浴火重生，成为中国新文化运动的策源地，更成为中国文化教育现代化的革命性进程中一面最耀眼夺目的战旗。蔡元培为北大聘请的第一个重要人才是陈独秀；陈独秀到北大后向蔡元培力荐胡适。而正是蔡元培、陈独秀和胡适揭开了改造、振兴北大的历史序幕。

蔡元培和陈独秀两人同岁，都是1879年出生，按中国生肖属相为属兔。而后生胡适，是生于1891年12月，刚好少于他俩12岁，也属兔。当时有人戏称："北大添个年青人，玉兔常伴月照明。"

胡适到北大后，用了一年的时间，写成《中国古代哲学史》讲稿，此课定一年讲完，共讲90点钟。

按照一般腐儒对中国历史的理解，从伏羲氏开始讲起，讲一年也只能讲到《洪范》。而胡适却以截断众流的魄力，以《诗经》作时代的说明，把商朝以前隔断，从东周讲起，称西周为"诗人时代"。这一举动无疑惊世骇俗，学生们听了"骇得一堂中舌挢而不能下"，有人还说他是"思想造反"。

堂下学生中也不乏几个颇有文学修养的才俊，渐渐听出些道理来，顾颉刚就找到同宿舍国文系的傅斯年，劝他也去听一听。傅斯年非常喜欢西洋书籍，节衣缩食在日本丸善株式会社邮购书。他听了胡适的课，很受启发，并对同学们说："这个人书虽然读的不多，但他走的这一条路是对的。你们不要闹。"

胡适的别样教育镇住了北大那一班深有学识的翘楚，蔡元培评价他"心灵手敏"。多少年后，冯友兰在《三松堂自序》里也对胡适的哲学课做出了高度的评价："这对于当时中国哲学史的研究，有扫除障碍、开辟道路的作用。当时我们正陷入毫无边际的经典注疏的大海之中，爬了半年才能望见周公。见了这个手段，觉得面目一新，精神为之一振。"

此时的胡适年仅27岁，风度翩翩，校园内皆称他胡博士。他学贯中西，口才又好，所以又得了个最好的"教书匠"的雅号。

胡适当年在北京大学红楼内外，聚天下英才而讲之。讲台之下，笑声四起，掌声如雷。有时"说瘾"大发，对学生讲起课来，与朋友吹起牛来，天花乱坠，南腔北调，天空海阔，文白齐鸣，白话口语，之乎者也，也全然不顾了。有一次，胡适应邀到某大学讲演，他引用孔子、孟子、孙中山先生的话，在黑板上写："孔说""孟说""孙说"，越说越来瘾，最后他发表自己的意见时，竟在黑板上写了"胡说"，引起一场"哄堂听胡说"的大笑话来。

1919年2月，胡适将一年来的讲义整理成《中国哲学史大纲》（上卷）正式出版。该书以他的哥大博士论文为基础，又将他的教学深化实践北大哲学史讲义内容进行充实，缀成一部将中国哲学史分为三个时代（古代、中古、近世）——体现他述学观点（明变、求因、评判）的17万字的举足轻重的学术论著，遂成为中国现代学术史上开山之作，也成为胡适立身之基石。

蔡元培校长早在1918年8月为《中国哲学史大纲》作序，指出该书特点：第一是证明的方法，第二是扼要的手段，第三是平等的眼光，第四是系统的研究，足为后来的学者开无数法门。这是一部用白话文撰写，并使用新式标点符号的论著，出版才两个月就再版，为五四新文化运动增添东风，使其如虎生翼，所以一出版便立刻风行全国，到1930年，已出第15版。他的中国公学同学熊克武从四川来信说，"购者争先，瞬息即罄"，远离京华、沪上的内地四川，也竟如此热烈。

后来胡适给美国的朋友写信，也对此书极为称道：

中国治哲学史，我是开山的人，这一件事要算是中国一件大幸事。这一部书的功用能使中国哲学史变色。以后无论国内国外研究这一门学科的人都躲不了这一部书的影响。凡不能用这种方法和态度的，我可以断言，休想站得住。

此外，梁启超先生也对这书有专门的评论。1922年3月4日、5日，北大哲学社请梁启超讲演，题为评胡适的《中国哲学史大纲》，讲了两次，每次大约两个小时。第二次胡适出席了，并对梁启超的批评进行答辩。梁启超评胡适讲孔子、庄子最不好，但讲墨子、荀子最好。并称："这书自有他的立脚点，他的立脚点很站得住。这书处处表现出著作人的个性，他那敏锐的观察力，致密的组织力，大胆的创造力，都是不废江河万古流的"。梁启超认为，孔子与庄子的理想境界都是"天地与我并生，而万物与我为一"，只不过是他们实现这种境界的方法不同罢了。胡适却不同意，说梁启超的这种见解，未免太奇特了，完全是卫道者的话，使他大失所望。其次，梁启超讲庄子的宇宙观是静止的，这点胡适更加不同意。此外还有《老子》一书晚出于战国之末等问题，与胡适的见解也大有出入。

梁启超讲完以后，胡适在台上发言，答辩颇显其才华之非凡。根据当时在场的陈西屏回忆：

任公的讲演，经过了长时间的准备，批评都能把握重点，措词犀利，极不客气，却颇见风趣，引导听众使他们觉得任公所说很有道理。胡先生对第一天的讲词似乎已先看到记录，在短短四十分钟内，他便轻松地将任公主要的论点一一加以批驳，使听众又转而偏向于胡先生。如果用"如醉如狂"来形容当时听众的情绪，似乎不算过分。

遗憾的是，《中国哲学史大纲》光有上卷，却没了下卷。这也给另一位北大才子挖苦他留下了口实。

他就是章太炎。

章太炎时为赫赫有名的国学大师，一生重视国学，最反对胡适所提倡的"白话文"。认为白话文虽然浅显易懂，但将来就没有"文人"了。章、胡同在北大任教，就更有"文人相轻"之意，曾有"以适之为大帝，绩溪为上京"的非议。章太炎不但在教师、文人圈内外，一有机会就要贬胡适，且语言尖酸刻薄。有时在学生中，也戏称胡适是"著作监"。学生不懂什么意思，就请教老师。章太炎即说："著作者，写书著书也；监者，太监也！太监者，下面没有也！胡适著作《中国哲学史大纲》上册，而下册没有也，故曰著作监也！"一时在北大校园内外"著作监"的绰号也不胫而走。

胡适在北大大讲白话文。一位同学突然站起来抗议："胡先生，难道说白话文就没有缺点吗？"胡适说："没有的。"那位同学道："白话文不精练，打电报用字多，花钱多。"胡适柔声道："不一定吧。前几天行政院，有位朋友给我发来电报，邀我去做行政院秘书，我不愿去。复电就是用白话文写的。请同学们根据我这一意愿，用文言文编写一则复电，看看究竟是白话文省，还是文言文省？"

几分钟过去，那学生写了一份用字最少的文言文电稿，电文是这样写的："才学疏浅，恐难胜任，不堪从命。"

胡适说，这12个字确实简练。但我的白话文电报只用了5个字："干不了，谢谢。"

有人曾这样评价说：胡适是水，鲁迅是酒。酒虽好，有时却容易醉人；水虽淡，却又必不可少。纵观整部现代史，无论是文学变革还是北大复兴，胡适都是其中浓墨重彩的一笔。可以说，正是有了胡适这汪源远流长的水域的灌溉与滋润，北大方才成为今日的北大。

一世深恩

"生在杭州，穿在苏州，玩在扬州，吃在广州，死在徽州。"

在绩溪的时候，当地人讲述，徽州男人一生中有三件大事要做：一是娶老婆，二是盖房子，三是砌生圹。这三件事办好了，一生之愿足矣。

当地还流传着这样一个故事：徽州盐务巨商、歙县棠樾鲍氏宗族有一次选定了一处好"风水"，地点是在歙县雄村曹氏宗祠大院里，雄村曹氏为绅商大户，还出过曹文埴、曹振镛父子那样显赫的中央级大官僚，自然极不好惹。为此，鲍氏族人挖空心思，在曹氏宗祠附近某个地方砌起一圈围墙，在墙内筑了一座假墓，墓下再挖一条地道，通向曹氏宗祠大院地下。然后乘夜深人静之时，将祖宗棺材通过地道运进"风水宝地"。可是，此一举动不巧被附近的人看到了。鲍氏族人为了不泄露天机，遂以重金收买人身。但此事后来还是被曹氏家族发觉，遂告到了官府。不过，在官府派人到雄村调查之前，鲍氏又以每只一两银子的高价，大量收购蜘蛛，将之放入新修的假墓中，结果一夜之间蛛网密布，鲍氏得以证明不是新葬，而是久远的一座老墓。

胡适的母亲，就葬在这仙境般的小镇绩溪。

1918年11月，胡适前往天津拜访梁启超先生，回来后准备一场讲演，讲演的题目是"丧礼改良"。不料胡适的讲演还没有开始，就轮着他自己实行"丧礼改良"了。

胡适的母亲走得太仓促，先是患了感冒，接连呕吐咳嗽，吃不下饭，庸医误开了"三阳表劫"的药剂，服下后加重了病情，虽然又请了别的医生来看，但已无力回天。

对于母亲的死，胡适极端痛苦，交加着深切的自责和愧疚："私心犹以为先母在中年，承欢侍养之日正长"，岂知母亲已油尽灯枯，体气久衰，这次北上竟成了永别，这可谓："生未能养，病未能侍，毕世勤劳未能丝毫分任，生死永诀乃亦未能一面。平生惨痛，何以如此！"

胡适换上了孝服，将要动身南下回绩溪奔丧，临走时来了两个北大的学生，向胡适道："我们此次来，一是送先生起身，二来呢，适之先生向来提倡改良礼俗，现在不幸遭大丧，我们很盼望先生能把旧礼大大改革一番……"

话还没说完，就看见胡适穿着孝服，于是不好再说什么，告辞了。

胡适回家后，夜里伤心痛苦难寐，思念着母亲依旧清晰的笑容，禁不住泪如雨下，用滴血的心写下了一首《十二月一日奔丧到家》的悼母诗：

往日归来，才望见竹竿尖，才望见吾村，

遥知前面，老母望我，含泪相迎。

"来了？好呀？"——更无别话，说尽心头欢喜悲酸无限情，

偷回首，揩干泪眼，招呼茶饭，款待归人。

今朝——

依旧竹竿尖，依旧溪桥，

只少了我的心头狂跳！

何消说一世的深恩未报！

何消说十年来的家庭梦想，

都云散烟销！

只今日到家时，更何处能寻她那一声：

"好呀，来了！"

在丧礼期间，胡适披麻戴孝、以鞠躬代替磕头，亲笔书写"魂兮归来"四个黑字挂在灵前。他不用阴阳师，自己找了一块靠近父亲墓旁的地方，为母亲入土下葬。出殡当天，正是胡适和江冬秀的结婚纪念日，他没有请和尚道士作

法念经，而是召开追悼会，自己在台上致辞，居丧期间，他还用心从长辈亲戚处询问其母事，用文言文书写《先母行述》。

冯顺弟，绩溪县中屯人，16岁做了上庄胡传家的官太太。

23岁守寡，一直守了23年。

对亲人她至情至性，她的弟弟诚厚，幼习药业，农忙时回家种田，感染上血吸虫病，腹胀不消，又不忍让年老的母亲知道，便到上庄姐姐家来治病。冯顺弟服侍汤药，夜不解衣。诚厚的病情却不见好转。她恐怕弟弟有个三长两短。听乡间传说割股可以疗病，一天夜里，她便焚香祷告天地，用快刀从自己左臂上割下一块肉来，煎在药里。弟弟吃不下去，她又将肉烤焦，夹在锅巴中，让弟弟吃了。姐姐如此虔诚，但却受了迷信的蛊惑，自然无法起死回生。

对儿子，她尽心竭力，胡适留学美国那几年，家中经济异常困窘。家中兄弟间分了家。冯顺弟独立撑持门户，负担委实不轻，乃至靠抵当首饰过年，贫窘之状可见一斑。恰巧这时，族中胡守焕因家庭败落，愿将《图书集成》一部大书减价出售。冯顺弟知道儿子想得到这部书，便借钱买下了。

期间她曾大病一场，却没有通知儿子，只请摄影师为她拍了一帧照片藏起来，命家人说："我这番果真死了，千万不要告诉我的儿子，仍按往常每月修家书去美国报平安，如同我活着时一样，不要惊动胡适。等胡适学成归国，就把这帧小照给他看。他看到我的这帧小照，如同见了我一样。"

离开人世的时候，她只有46岁，却是笑着走的。宽容、牺牲贯穿了她的一生。

双峰并立，两水分流

1919年3月26日的夜晚，北京的汤尔和家灯火通明，北大校长蔡元培和另两位北大教员沈尹默、马叙伦正在这里讨论北大文科学长陈独秀的去留问题。

汤尔和不是北大员工，但当时他是左右北京学界的重要人物，甚至蔡元培执掌北大也有可能与他有关，所以参与了这场讨论。同样，沈尹默和马叙伦没有在北大担任要职，却与汤尔和私交甚笃，也具有一定的发言权。这四个浙江人之所以凑在一起召开这个临时会议，是因为北京有报纸刊登了陈独秀逛八大胡同并"因争风抓伤某妓女下部"的消息。蔡元培是一个注重道德教育的学者，陈独秀曾加入他发起组织的"进德会"，成为甲种会员并以152票当选为评议员。按照规则，甲种会员必须遵守"不嫖、不赌、不娶妾"的要求。现在居然传出陈独秀的丑闻，自然要对他有所惩治。

汤、蔡、沈、马四人连夜商量到12点，方才散去。不久之后，蔡元培主持北大教授会议，决定废除学长制，成立由各科教授会主任组成的教务处。"教务长代替学长"这一体制更改本来定于暑假后实行，现在突然提前并且成为一场体面的人事变动。陈独秀被不动声色地解除文科学长职务，虽然继续担任教授、由校方给假一年，但他跟北京大学的关系却从此破裂。这件事对陈独秀的打击，可以在汤尔和的日记中寻找到蛛丝马迹。两人在路上相遇，后者看到前者"面色灰败，自北而南，以怒目视"。

作为深知陈独秀人品和思想的朋友，胡适对此极为不满，在16年后给汤尔和的信中明确表达自己对陈独秀离开的惋惜："三月二十六日夜之会上，蔡先生不愿于那时去独秀，先生力言其私德太坏，彼时蔡先生还是进德会的提倡者，故颇为尊议所动。我当时所诧怪者，当时小报所记，道路所传，都是无稽之谈，而学界领袖乃视为事实，视为铁证，岂不可怪？当时外人借私行为攻击独秀，明明是攻击北大的新思潮的几个领袖的一种手段，而先生们亦不能把私行为与公行为分开，适堕奸人术中了。"更表示："是夜先生之一轮风生，不但决定北大的命运，实开后来十余年的政治与思想的分野。"

就在此事发生后没多久，在绩溪上庄的江冬秀生了一个男孩。

而此时的胡适，却不知道是喜是悲，胡适一直提倡"无后主义"，他认为，"后代"这个观念带给中国许多罪恶，并真诚地主张铲除这个由"后代观念"

所衍生出来的一切迷信。"后代"这个观念必须由另一个理念来取代，那就是生理上的后代是没有价值的。就如培根所说："一个没有后代的人才有最伟大的后代。"同时，胡适也看出"后代"的观念有其内在的顽固性，断不可能轻易全盘瓦解，因此他认为："我所能做到的，只是让人们看清楚，盲目接受旧礼教的祸害。同时，让我们的下一代了解到结婚并不是一种必须承担的责任，而家庭也不是一种避免不了的罪恶。他们应该了解，除了生理上的动物性的功能之外，人生应该有一种更高尚的目标。"

为了纪念母亲，胡适给儿子起名"祖望"，这再一次体现了他反封建的精神，彻底丢掉了宗族辈次排名顺序。斗情未酣的他在当年夏天写了一首小诗《我的儿子》：

我实在不要儿子，
儿子自己来了。
"无后主义"的招牌，
于今挂不起来了！
譬如树上开花，
花落天然结果。
那果便是你。
那树便是我。
树本无心结子，
我也无恩于你。
但是你既来了，
我不能不养你教你，
那是我对人道的义务，
并不是我待你的恩谊。
将来你长大时，

> 这是我所期望于你：
> 我要你做一个堂堂的人，
> 不要做我的孝顺儿子。

胡适的这首诗发表在《每周评刊》的文艺栏后，一个叫汪长禄的人致信胡适，责问他为何"一定要把'孝'字驱逐出境"。胡适回信说：

我的意思以为"一个堂堂的人"决不致于做打爹骂娘的事，决不致于对他父母毫无感情。

但我不赞成把"儿子孝顺父母"列为一种"信条"……假如我染着花柳病，生下儿子又聋又瞎，终身残废，他应该爱敬我吗？……又假如我卖国主义，做一国一世的大罪人，他应该爱敬我吗？

由此可见，胡适攻击的是所谓"天下无不是的父母"那种腐朽的伦理观念，否定那种盲目而又虚伪的"孝道"。

陈独秀离开北大后，开始了实践的街头革命。6月11日，陈独秀、高一涵与胡适三个安徽同乡在城南"新世界"吃茶聊天。陈独秀从衣服口袋里取出一些传单向其他桌子的客人散发。不多时胡适和高一涵先行告退，只留下陈独秀一人，仍在继续散发他的传单。过了不大会儿，警察便来了，把陈独秀拘捕起来，送进了警察总署的监牢。

当天半夜，一家报社来电话说，日本东京有大罢工举动。胡适一时睡不着，就写下了一首笔锋尖锐的诗《权威》：

"威权"坐在山顶上，
指挥一班铁索锁着的奴隶替他开矿。
他说："你们谁敢倔强？我要把你们怎么样就怎么样！"

奴隶们做了一万年的工,

头颈上的铁索渐渐地磨断了。

他们说:"等到铁索断时,我们要造反了!"

奴隶们同心合力,

一锄一锄地掘到山脚底。

山脚底挖空了,

"威权"倒撞下来,活活地跌死!

这首诗发表在《每周评论》第28号上,"权威"比喻代表封建残余势力的北洋政府,胡适希望这个政府早点垮台。在陈独秀被捕的时间里,胡适心急如焚,展开多方营救,他致信警察厅厅长,致信《时事新报》主编张东荪,披露陈独秀在狱中遭受身患重疾却不能获得医疗等非人道待遇。这样的消息一经公开,立即赢得舆论的广泛支持,也使得当局感受到了压力,不得不在83天后释放了陈独秀,后陈独秀又在李大钊的帮助下南下去了上海。

但同时,陈独秀和胡适也已感到双方的隔阂越来越深,曾经志同道合的战友已经没有了当初的那种默契,分手已经不可避免。

1921年10月5日,陈独秀第二次被捕,原因是明知故犯继续出售已被查封的《新青年》杂志。这次逮捕他的是上海法租界当局。此时,陈独秀的身份已经不仅仅是大学教授、《新青年》主编,而且是中国共产党的创始人之一、共产党的总书记了。因而,他的被捕立即引来众多目光的关注。胡适是第二天才获得消息的,他在日记里这样记道:"夜间得顾名君电话,说独秀昨夜在上海被捕。打电话与蔡子民先生,请他向法使馆方面设法。法国人真不要脸!"胡适向来以温文尔雅示人,却因陈独秀的被捕而破口大骂法国人"不要脸",可想而知他的激愤心情以及对陈独秀的担忧,更可见他对陈独秀情意的深重。与第一次一样,胡适随即展开了营救。在蔡元培和胡适等人努力营救之时,共产国际驻中共代表马林以及孙中山等人也四方活动,法租界最终对陈独秀"罚洋100元，销毁查抄书籍"后，将其释放。

然而不到一年的时间，陈独秀又第三次锒铛入狱，罪名是收受俄罗斯巨款。这一次，胡适依然为了朋友不遗余力，在详细考察案中重要证据之后，才给外交总长顾维钧写了一封"有理有据"的长信，最终得到陈独秀罚款四百元结案了事的结局。

再过了十年，1932年10月15日，已经被中国共产党开除党籍的陈独秀在上海的公共租界被国民党工部局逮捕。这是他第四次被捕，也是这次被捕，致使他坐牢长达5年。然而，在这5年里，胡适从来没有放弃过对他的营救。

尽管此时的陈独秀已经不是中共党员，但他反对国民党政府的行为却仍在进行，因而一直是国民党追捕的对象。正因为如此，陈独秀自然是以"政治犯"的名义被捕的。既然是"政治犯"，有人便主张在非常时期，对待政治犯应当斩立决。

在这紧要关头，胡适联合丁文江、傅斯年、翁文灏、任鸿隽等学界名流向当局请求将陈案由军事法庭移交民政司法庭，并呼吁法院公开审判。同时，他又与时任外交部长罗文干致信蒋介石，请求"依据法律进行特赦"。

此时，蒋介石是很看重胡适这位"诤友"的，他很清楚胡适日后可能的利用价值，自然不敢怠慢胡适的建议。尽管他远在武汉，却亲自将陈案的移交情况电告胡适。一番努力之下，陈独秀最终被移交到江苏高等法院。同时，法院同意公开审判，并允许陈独秀请律师。在狱中时，胡适多次前去探视。陈独秀感动地说："此次累及许多老友奔走焦虑，甚为歉然。"胡适对陈独秀的友谊，使陈独秀颇有鲁迅说的"人生得一知己足矣"的感叹。

1937年8月，胡适赴美前曾经在致信汪精卫时，提出请他出面。汪精卫倒也给面子，给胡适写信，说："手书奉悉，已商蒋先生转司法院设法开释陈独秀先生矣。"

此时国内的抗日环境，已容不得蒋介石再在陈独秀身上花工夫，何况陈独秀也已吃了5年牢饭。于是，蒋介石一点头，司法院长便向国民政府主席林森递交了"请将陈独秀减刑"的公文。林森批复后，8月23日，陈独秀就被释放了。

晚年，陈独秀避难四川江津，贫病交加，已经远赴美国出任驻美大使的胡适，试图通过美国的一家图书公司，请陈独秀去美国写自传，因陈独秀不肯而作罢。

当年谭嗣同弃尸菜市口，三日无人敢收尸，是湘潭会馆的一个老仆佣，为其收尸送回湖南。袁世凯的大公子克定，晚年潦倒，日本人高官厚禄利诱不受，宁忍清贫，而他的朋友张伯驹收留他，供奉十年，不取一文。胡适在陈独秀身陷牢狱，孤立无助时，伸出援手。这些才是大的人性，大的道德。

今天，让我们从历史的尘埃中重新拾起这两人之间的友谊，抹去污泥浊水，再次见证他们耀眼的光芒。

一对安徽老乡，两个思想先锋，虽然政治主张相悖，却不改往日的友谊。"双峰并立，两水分流"，这水，却永断不了联系。就像胡适自己说："我一半属父母，一半属朋友。"

我们三个朋友

唐代诗人杜牧有诗"南朝四百八十寺，多少楼台烟雨中"。这些曾经盛极一时的寺庙，留存下来的还有几座呢？那作为南朝四百八十寺之首的鸡鸣寺，倒充满了诱惑力。

站在鸡鸣寺山门口，绿树葱茏，但见黄墙黑瓦，飞檐翘角，古朴幽静，我们拾级而上，抬头望去，山墙上，"古鸡鸣寺"四个金字熠熠生辉。

进入寺门，才知道这里容量很大，有豁然开朗之感，但布局却非常严谨，错落有致。过观音殿，后面就是豁蒙楼。据说甲午战争期间，张之洞任两江总督时，一天与其得意门生杨锐同游鸡鸣寺，在一处废墟上畅谈国事，忧愤难平。杨锐反复吟诵杜甫《八哀诗》中的诗句："君臣尚论兵，将帅接燕蓟。朗咏六公篇,忱来豁蒙蔽。"4年后戊戌变法失败,杨锐与谭嗣同、林旭等遇害。1904年,张之洞复任两江总督,再登鸡鸣寺,睹物思人,提议在鸡鸣寺那处墟址上建楼,并亲手题写了"豁蒙楼"匾及长跋。梁启超作楹联"江山重叠争供眼,风雨纵横乱入楼"以表内心感慨。

  古老的历史遗迹常常连带着许多传说,甚至依附着这样那样自觉不自觉的牵强附会的故事,让人感到离奇莫测,难以证明,但又常常舍不得放弃。

  鸡鸣寺门前坡下有一古井,传称"胭脂井"。多少年来,人们喜欢将胭脂井与陈后主和张丽华的故事联系起来,似乎其中有个难解的情结,因为历来亡国君王的情感故事似乎更令人感兴趣。南朝陈后主,在位不到8年,荒政误国,最后无力与南下的隋军抵抗,当隋军进入皇宫时,陈后主走投无路,带着两个宠爱的妃子躲进景阳楼下的枯井中,这口井就是胭脂井,最后被隋军大将韩擒虎活捉。之后,晋王杨广担心"美色误国",将张丽华处死。

  美丽本无罪,何来的误国之说?可怜张丽华,不仅身死,还落得了千古骂名。那口胭脂井此后被称为"辱井",后来清周宝瑛有诗曰:"可怜此井为何辜,一辱至今不能洗。"

  而这口被后世称为"辱井"的胭脂井,却是另外两个人爱情的见证。

  1920年夏,30岁的陈衡哲于美国芝加哥大学获得硕士学位,并经胡适的大力推荐,被蔡元培聘为北大教授。她既是北京大学最早的女教授,也是中国现代史上第一位女大学教授。1920年8月22日,抛弃了"单身主义"的陈衡哲终与任鸿隽订婚,并在当晚,邀胡适于鸡鸣寺豁蒙楼共进晚餐,见证他们的爱情。胡适在此以诗赠友,写下《我们三个朋友》祝贺这一对新人:

上

雪全消了,春将到了,

只是寒威如旧。

冷风怒号，万松狂啸，

伴着我们三个朋友。

风稍歇了，人将别了，——

我们三个朋友。

寒流秃树，溪桥人语，——

此会何时重有？

下

别三年了！月半圆了，

照着一湖荷叶；

照着钟山，照着台城，

照着高楼清绝。

别三年了，又是一种山川了，——

依旧我们三个朋友。

此景无双，此日最难忘，——

让我的新诗祝你们长寿！

陈衡哲米北京后，一下车就看到胡适与任鸿隽一同到火车站来接她，当晚他们一起住在胡适家。第二天胡适陪同任鸿隽到陈衡哲家，拜见他的岳父岳母。婚礼当天胡适做赞礼，蔡元培为证婚人。胡适书赠婚联曰："无后为大，著书最佳。"前四字是希望朋友早有儿女，后四字是期望陈衡哲不要因为结婚而放弃了事业。

第二年夏天，陈衡哲怀孕待产，胡适在上海商务印书馆参谋馆务，暇中曾寄诗一首给任氏夫妇：

遥祝湖神好护持，荷花荷叶正披离。

留教客子归来日，好看莲房结子时！

7月31日，胡适途经南京时得北京家信，知陈衡哲生一女。他特意为此登上豁蒙楼，重温"我们三个朋友"的旧梦，并赋诗与任氏夫妇：

重上湖楼看晚霞，湖山依旧正繁华。

去年湖上人都健，添得新枝姐妹花。

所谓"姐妹花"，指头一年8月胡适得女，下接当年7月任鸿隽得女。胡适为女起名"素斐"，与"莎斐"相近，同是Sophia之音译。胡适给孩子取名，从来都是破除传统，不按家族辈序；但胡适也从不追求洋气。给女儿取名"素斐"，不得不让人怀疑，他是借了自己女儿的载体，向陈衡哲祖露心声。而任氏夫妇为自己的女儿取乳名"荷儿"，其意明显是来自胡适给他们的"咏荷"诗。

但不幸天不佑人，这双"姐妹花"之一的素斐，于1925年夭折，这个只活了5年的小生命就这样如游丝般飘然逝去。任氏夫妇为了安慰胡适，又依中国人的风俗，请胡适认他们的次女"以书"做干女儿。这一代"我们三个朋友"之间的神情，也延续到了下一代身上。

对于女儿的死，胡适虽然万般感伤，却一直强忍着，直到1927年，在3万里外的美国纽约，他在写给妻子的信中说："冬秀，我今天哭了女儿一场！梦中忽然看见素斐，脸上都是病容，一会儿就醒了。醒来时，我很难过，眼泪流了一枕头，起来写了一首诗，一面写，一面哭。忍了一年半，今天才哭她一场……我想我很对不住她。如果我早点请好的医生给她医治，也许不会死。我把她糟掉了，真有点难过。我太不疼孩子了，太不留心他们的事。今天我哭她，也只是怪我自己对她不住。"

信后，胡适附了一首诗，名曰《素斐》：

梦中见了你的面，一忽儿就惊觉了。
觉来总不忍开眼，——
明知梦境不会重到了。
睁开眼来，双眼迸堕，
一半想你，一半怪我。
想你可怜，怪我罪过。
留着这只鸡等爸爸来，
爸爸今天要上山东了。
那天晚上我赶到时，
你已经死去两三回了。
病院里，那天晚上，
我刚说出"大夫"两个字，
你那一声怪叫，
至今还在我耳朵边刺！
今天梦里的病容，
那晚上的一声怪叫，
素斐，不要叫我忘了，
永久留作人们苦痛的记号！

这首诗一语双关，既悼亡，又无限怀旧，读来让人不禁潸然泪下。

陈衡哲在北大当教授的日子里，胡适经常出入陈衡哲家，甚至一住就是一个多月。陈家的孩子非常依恋胡适，胡适离开后，陈衡哲的女儿小都和以书看见妈妈下班回来，胡适伯伯却没有跟着她回来，很不高兴。以书失望极了，拉着妈妈的手说:"请胡伯伯再回来吧,请胡伯伯再回来住吧——我好想他,我要会写信,马上就会写信给他。"陈衡哲写信将这件事告诉胡适,然后说:"可见她爱你的深了,她们两人都盼望着胡伯伯回来住。"

多年来,胡适和陈衡哲的友谊长期成为报刊的花边新闻。新中国成立以后,这三位朋友就天各一方,任陈夫妇留在了上海。任鸿隽主持中国科学社末期善后工作后,任上海科技图书馆馆长、上海市政协委员、华东科协副主席。不过由于他们的儿女去了美国,得以保持了间接消息往来。1961年11月任鸿隽在上海华东医院病故,生前有次女任以书陪伴在侧,曾经叱咤风云的"我们三个朋友"终于谢幕。第二年,任鸿隽的儿子写信告诉已定居在台北的胡适,并附上了母亲陈衡哲的三首悼亡诗,此为其一:

浪淘沙

何事最难忘,知己无双:
"人生事事足参商,
愿作屏山将尔护,恣尔翱翔"。

山倒觉风强,柔刺刚伤;
回黄转绿孰承当?
猛忆深衷将护意,热泪盈眶。

庄子大智,在妻子死后击缶而歌,不是不悲伤,而是已从那层境界中解脱了出来。我们没法达到庄子的那种超然物外,立在天地之间,感受生命代谢,花草枯荣,却永远解不开这种心念。

人生本来无形,死后又回归自然,想想似乎也不必心生悲伤。但这些才华横溢的文学泰斗,却逃离不了死亡搭成的长长的生命隧道,漫步在其中,寻找逝去的感伤。是逃离不了,还是不想逃离?

百尺的宫墙

白天的故宫是热闹而喧嚣的，游人如流水般进进出出，纷乱不堪。当夕阳收起了它的最后一丝光，面对空荡荡的广场，它显得那么安静，那么深邃，就像一个巨大的舞场，一幕幕历史在你眼前涌现过，如昙花一现般，留下的，只有无尽的叹息和落寞。

这个明清两朝天子住了五百年的豪宅，自然是北京城里最大的私人住宅，有着六院三宫共九千余间房的规模。传说一个婴儿若出生在故宫里，每晚给他换新房睡，他要到27岁上才会再住到曾住过的"旧房"里。皇城怕极了遭贼，所以有着"内九外七皇城四"等三重城墙保护。所谓"内九"，就是有着九个门的北京内城；所谓的"外七"，就是前门外有着七个门的外城；纵然如此险固，其主人还不满足，硬是在内城九门深处，筑了十米多高，还带52米宽护城河的四门皇城。

这个皇城，像极了牢狱。

大部分的皇帝，终其一生，也只在这些地方活动了，这"内九外七皇城四"，就成了禁锢他们生命的枷锁。纵使它再壮观，再华丽，也不过是一种表象而已，只有深居里面的人，才明白它是一个监牢，一个连窗户都没有的监牢。

宣统二年十二月二十五日，这一天在溥仪的脑海中留下了一点点印象，"一个白胡子老头跪在隆裕太后面前，声泪俱下地读着一份文件"，可当时的他哪里知道，这个老头就是后来被称为"窃国大盗"的袁世凯，而读着的这份文件，正是清帝的退位诏书。

当时的情景是可怜而悲哀的，"袁世凯率全体阁员，邀集王公亲贵人奏请旨。隆裕太后带着溥仪在养心殿，群臣进宫，行最后一次觐见礼。内侍将各旨跪呈皇案，隆裕太后尚未看完，便忍不住泪如雨下。随交世续、徐世昌盖用御玺。随后，隆裕太后即含泪携溥仪由内监扶掖还宫"。

从此，帝不成帝。

废帝在这里慢慢长大，读书，惶惶然地生存了下来。

再后来，溥仪又有了个洋师傅，这就是早年毕业于牛津大学的庄士敦。这位不远万里而来的英国老夫子，曾在香港总督府里做过秘书，在威海卫租界做过行政长官。他的出现，给古老的紫禁城带来了一些洋化的气息，溥仪的身上也多了一些新鲜玩意：怀表、别针、纽扣、领带，等等；渐渐长大的溥仪也了解了国内外的政治文化形势，知道了"新文化运动"。

年轻人总是充满了好奇心，当他看到面前的一部电话时，心痒难耐。他兴致勃勃地照着电话本随意给人打电话："你可是杨小楼？"京剧名演员杨小楼接到电话后一愣："嗯，您是谁啊……"溥仪不等他说完，便急忙把电话给挂了。

又一次，他给胡博士打电话："你是胡博士吧？好极了，你猜我是谁？"那边问："您是谁啊，怎么我听不出来呢？""哈哈，甭猜了，我说吧，我是宣统啊！""宣统？你是皇上？"那边一时愣了。溥仪的声音干脆利落："对啦，我是皇上。你说话我听见了，我还不知道你是什么样儿。你有空到宫里来，叫我瞅瞅吧！"

为了谨慎起见，胡适特意去拜访了庄士敦老师。胡适与庄士敦的结识缘于他俩都是北京一个国际性团体"文友会"的会员，都担任过会长。

庄士敦告诉胡适，宣统现在已经能够独立，不受太后的牵制。在前不久他把辫子剪去，又自己雇车去外面看病。而且他已经读完了胡适的《尝试集》和《文存》，这次约见胡适，是为了争取思想上和行动上的完全独立。

1922年5月30日，宣统派了一个太监来接胡适。他们在神武门前下车，在门外的护兵督察处小坐了一会儿，然后进宫门、春华门，到了养心殿。殿的东厢外面装了大玻璃，太监们掀起门口挂着的厚帘子，请胡适进去。

胡适进去后，一个穿蓝色袍子、玄色背心，戴眼镜的年轻人站起来迎接。

胡适上前鞠了一躬说:"皇上好。"溥仪说:"先生好。"并以手示意胡适坐在一张蓝缎子的方凳上。17岁的皇上看起来很清秀,但单薄得很。

室中略有古玩陈设,靠窗摆着许多书,炕几上摆着当日的报纸,里面有《晨报》《英文快报》等。皇上正在读白情的《草儿》和亚东的《西游记》。他问胡适可认识康白情、俞平伯。还问及《诗》杂志,皇上说自己近来也作新诗,也赞成白话。

谈到出洋留学的事,皇上说:"我们做错了很多事,到这个地位,还要糜费民国许多钱,我心里很不安。我本想谋独自生活,故曾要办皇室财产清理处。但许多老辈的人反对我,因为我一独立,他们就没有依靠了。"谈到后来,皇上说他有许多新书找不着了,胡适言道有什么找不到的书,他可以想办法。这样东拉西扯,谈了大约20分钟。

这一次见面,在紫禁城内外仿佛炸开了一个重磅炸弹,溥仪周围的王公大臣大为恼怒,而新派人物也攻击胡适有"膝盖发软"的毛病。胡适为此在《努力》周报上写了一篇《宣统与胡适》的文章,以表明心迹:

一个人去看一个人,本也没有什么稀奇。清宫里这一位十七岁的少年,处境是很寂寞的,很可怜的;他在这寂寞之中,想寻一个比较也可算得是一个少年的人来谈谈:这也是人情上很平常的一件事。不料中国人脑筋里的帝王思想,还不曾洗刷干净。所以这一件本来很有人味儿的事,到了新闻记者的笔下,便成了一条怪诧的新闻了。

然而此时胡适的心里,却是颇不平静的,少年皇帝给他留下了极为强烈的印象,他心中自然而然地萌发了一种要保护这个孩子并把他救出这个"理智的监狱"的念头,他感觉溥仪只是一个很寂寞、很可怜的少年,是一个一心向往红墙外面的世界的孩子,就像他在诗中所写:

> 咬不开，捶不碎的核儿，
>
> 关不住核儿里的一点生意；
>
> 百尺的宫墙，千年的礼教，
>
> 锁不住一个少年的心！

为此，在1924年冯玉祥发动"北京政变"后，胡适对"优待清室条件"修正决议大表抗议，他说：

我是不赞成清室保存帝号的，但清室的优待乃是一种国际的信义，条约的关系。条约可以修正，可以废止，但堂堂的民国，欺人之弱，乘人之丧，以强暴行之，这真是民国史上的一件最不名誉的事。今清帝既已出宫，清宫既已归冯军把守，我很盼望先生们组织的政府对于下列的几项事能有较满人意的办法：

（一）清帝及其眷属的安全。

（二）清宫故物应由民国正式接收，仿日本保存古物办法，由国家宣布为"国宝"，永远保存，切不可任军人政客趁火打劫。

（三）民国对于此项宝物及其他清室财产，应公平估价，给与代价，指定的款，分年付与，以为清室养赡之资。

这封信在《晨报》上全文登载后，他的此番"抗议"立即遭来抗议声一片，其中不乏他的同事和朋友，几乎无一人支持他。周作人在给胡适的信中说："这些帝国主义的外国人都不是民国之友，是复辟的赞成人，中国人若听了他们的话，便上了他们的老当。清室既然复过了辟，已经不能再讲什么优待，只因当局的妇人之仁，当时不即断行，这真是民国的最可惜的愚事之一。"

而北京大学的李书华、李宗侗反对胡适的态度要更加激烈，他们联名给胡适写了一封信，直言胡适的"抗议"是错误的，同时表达了对一个"新文化的领袖，新思想的代表，竟然发表这种论调"的遗憾。

最终皇帝还是被驱逐出宫了，偌大的紫禁城，没有了一丝生气。万里之外的一个小岛上，那个着朝服、行清礼、说京腔的洋师傅庄士敦，仍旧念叨着："皇帝陛下是世界上最孤独的孩子，紫禁城的城墙是世界上最高的墙……"

　　夕阳照在紫禁城上，城墙显得更加凝重、冷峻和寂寥，宫中的雕梁画栋也已渐渐褪色，旧时代不可复制，遗留下来的画面在游客的眼前渐渐被拾起，但这一段历史却被永远地湮没在光圈里。

第四章 摘星弄月

烟霞别有天

西湖这个让人魂牵梦绕的地方，自然之美自不必说。西湖十景之一的"平湖秋月"说的就是夜里西湖的美景，"平湖秋月高阁凌波，倚窗俯水，平台宽广，视野开阔，秋夜在此纵目高眺远望，但见皓月当空，湖天一碧，金风送爽，水月相溶，不知今夕何夕。"千百年来文人骚客幽思于此，蜜月中的情侣在此溶进月色中，漫步西湖白堤边，就像爱情小说里的画面。

来到西湖，一不小心，一转身，就会跟那些古老的爱情故事撞个满怀。白娘子许仙，苏小小阮郁，梁山伯祝英台……这一个个爱情悲剧将西湖化成了一汪柔情的泪，她们在桥上投下一个小小的涟漪，一直荡漾到今天。

西于湖畔的"花港观鱼"，在一棵绿树如盖的大樟树下，立有一座镂刻着一位婉约女子的碑形雕塑。这个名为"林徽因意象"的青铜雕塑，是由清华大学建筑学院和杭州市政府共同设计制作的。碑中的婉约女子就是"人间四月天"的一代才女、建筑家林徽因。

林徽因的名字是同三个优秀男人连在一起的：初恋情人诗人徐志摩、丈夫建筑大师梁思成、为林终身不娶的哲学家金岳霖。

林徽因跟徐志摩，属于有情人难成眷属。在遥远的英国，16岁的林徽因跟24岁的徐志摩相识、相恋。那时的徐志摩已是两个孩子的父亲，林徽因也早已许配给梁启超的儿子梁思成。这段恋情从一开始就注定是一个悲剧，就像前面那几个伤感的爱情故事。

1924年4月，印度大诗人泰戈尔来华访问。期间，徐志摩和林徽因共同担任泰戈尔的翻译。昔日的恋人一左一右伴随在大诗人的身边，漫步西湖断桥的时候，徐志摩的心又开始泛了涟漪。他私下向泰戈尔表明，自己爱林徽因的心未曾改变。热情的老诗人有意撮合这对金童玉女，于是作了一首诗：

天空的蔚蓝，爱上了大地的碧绿，他们之间的微风叹了声："哎。"

宿命如此，不管是无情的西湖水，还是多情的诗人，都无力改变，只留下一声叹息。

而另一位才女的命运，则更加让人潸然落泪。"梦魂无赖苦缠绵"，说的便是她——曹诚英。

曹诚英是一个富商的女儿，别字佩声，从小在武昌城曹家祖传的徽州商行中长大，父亲70岁才有了她，倍加疼爱。可惜两岁后父亲去世，曹诚英回到徽州。她是汪静之的同乡，汪静之与曹诚英的侄女指腹为婚，按辈分来说，他叫她为姑姑。曹诚英自己也是指腹为婚，她的对象是邻村宅坦的徽商后裔胡冠英。

1918年，曹诚英遵从母命与胡冠英结婚，1920年，她考入浙江女子师范学校，开始了西子湖畔的读书生涯。随后胡冠英也来到杭州，就读于第一师范学校。夫妻俩同在杭州，感情却不融洽。特别是胡母，很不喜欢曹诚英女学生的打扮。并以曹诚英过门三年没生育为由，为儿子胡冠英娶了房小妾。作为一名被五四新思潮唤醒的新女性，曹诚英自是忍受不了，于是一怒之下同胡冠英解除了婚姻。

离婚后曹诚英一直独居，心情可谓糟到了极点，就像她在一首诗中所写："整日闭柴扉，不许闲人到，跣足蓬头任自由。"这时候，同在杭州读书的汪静之经常来看她，发疯似地追求她，给她写情诗。论辈分她是他的姑姑，曹诚英断然拒绝，并撕毁了他的诗稿。在情与爱的煎熬中，诗人汪静之只有以情诗替代热烈的爱恋，后来出版了诗集《蕙的风》，风靡一时，也使他阴差阳错地成为现当代文学史上著名的"湖畔诗人"。

1921年夏天，曹诚英三姐的独子，胡适的侄儿胡思永来到杭州。胡思永是胡适三哥所留的唯一骨血，却天生患有"爱迪生氏症"，是因为结核菌导致肾上腺衰竭，在当时来说是不治之症。他文采出众，能写一手好诗。曹诚英为了给他介绍女朋友，一口气邀请了八位女同学，被曹诚英誉为"八美人"，大家共同乘大船游西湖，作陪的还有诗人汪静之。

胡思永在同"八美人"同游西湖以后，回到北京就开始写信向符竹因示爱。屡试不成以后，他又接着向其他七位陆续求爱，没想到一连吃了八个闭门羹。半年之后，胡思永听说符竹因跟汪静之开始恋爱，盛怒之下，写信给汪静之，要求他退避，否则就来杭州跟他拼命，吓得符竹因准备出家为尼。可是过了没多久，胡思永就病亡于北京，年仅20岁。

胡思永死后，胡适整理他的遗稿，编成《胡思永的遗诗》，1924年10月由亚东图书馆出版，胡适为之作了篇序。在分析胡思永的遗诗时，胡适言道："他的诗，第一是明白清楚，第二是注重意境，第三是能剪裁，第四是有组织、有格式。如果新诗中真有胡适之派，这是胡适的嫡派。"

后来，胡适还将自己写的一首诗《失望》放入了《胡思永的遗诗》的附录，以纪念早亡的侄儿：

菊花叶上沾着点尘土，

永儿嫌他们的颜色不好，

就用水来洒他们，

说，"给他们洗一个澡！"

过了几天，梦麟见了大笑，

他说，"适之家里哪配种菊花！

把菊花的叶子都烂掉了，

这难道是种花的新法！"

我也有点难为情，

便问，"这是谁干的事？

怎么把水淋菊花，

叫叶子烂成这个样子！"

永儿有点不服气，

他说，"菊花不是能'傲霜'吗？

怎么几滴水都禁不起？

这不是上了诗人的当吗？"

正在胡适为侄子的死无限伤感时，他自己的身体也亮起了红灯。

胡适在1920年到1921年间就病了六个月，接着，1922年11月又病倒。医生最初诊断为心脏病，又曾经一度怀疑是糖尿病。这事传到千里之外的韦莲司耳中，她急切来信询问"北京是否买得到胰岛素"，如果没有，她就要从美国买来寄给胡适，好在"糖尿病传闻"最终证明是一场虚惊。到了1923年伊始，折磨胡适的病却是脚气、脚肿以及两颗痔疮脓包。不堪身心重负的胡适只得告假一年，于1923年4月21日南下去上海医病。

4月29日，胡适又从上海到杭州，休息了四天，跟刚离婚不久的表妹曹诚英见面并同游西湖。

第一次见表妹，是在自己的婚礼上，那个被红色包围的徽州之夜。那时的她还是一个15岁的青涩小丫头，这时已长成了一个亭亭玉立的曼妙女子。

西湖多情的水泛起了青年人内心的涟漪，那种触电的感觉，在心中深深烙下印来，挥之不去。匆匆相见，默默凝视，两人很快就坠入了爱河。

胡适游了湖回来，便做了一首《西湖》的诗歌，是这样写的——

七年来梦想的西湖，

不能医我的病,
反使我病的更利害了!
然而西湖毕竟可爱。
轻烟笼着,月光照着,
我的心也跟着湖光微荡了。
前天,伊也未免太绚烂了!
我们只好在船篷阴处偷窥着,
不敢正眼看伊了!
……
听了许多毁谤伊的话而来,
这回来了,只觉得伊更可爱,
因此不舍得匆匆就离别了。

这首诗明写西湖风景,其实一语双关,此时胡适33岁,曹诚英21岁,正当芳龄,娇嫩妩媚,自然让胡适心中荡漾,升起了别样的感觉。这诗中放不下的"伊",恐怕不是西湖吧。

胡适回到上海后,两人在短短十来天的时间里就通了五次信,其缠绵之情,可见一斑。

既然放不下,索性再去杭州。6月8日,胡适重回杭州,住西湖新新旅馆。13日,蔡元培应胡适邀请,也从绍兴来到西湖,同住新新宾馆。次日,大家同游南山,到烟霞洞吃午饭。

烟霞洞在南高峰之下,洞内藏有"十六罗汉"石雕闻名于世,是五代晚期吴越国王钱俶母舅吴言爽命人制作的。站在烟霞洞前,可望见南高峰和钱塘江。烟霞洞上有高阔数十丈的"联峰"巨石,岩上石笋倒垂,形如佛手,故名"佛手岩"。

洞外南侧,有一座叫"清修寺"的古庙,清修寺住持金复三居士是蔡元培的朋友。胡适当时就决定搬到大殿侧旁斋舍居住，疗养他的痔瘘顽疾。房租是便宜的。胡适将他在北京的侄儿思聪唤来，一起休养。曹诚英闻讯，正好学校放暑假，赶来帮他叔侄俩料理生活。

这段山中岁月，胡适和曹诚英每日携手共游，赏桂、观潮、游花坞、下棋、品茶、赏诗文，极尽风雅之能事。两人过着不食人间烟火的日子，风景秀美的烟霞洞俨然成了他们的桃花源。后来，胡适为曹诚英写过一首短诗，表达他的感谢：

>多谢你能来，
>慰我山中寂寞，
>伴我看山看月，
>过神仙生活。

最早发现这个秘密的，是汪静之。汪静之去烟霞洞拜访胡适二人，发现他俩"满脸欢喜的笑容，是初恋爱时的兴奋状态。适之师像年轻了十岁，像一个青年一样兴冲冲、轻飘飘，走路都带跳的样子"。

60年后，汪静之重游清修寺，他坦言："这清修寺东端的斋舍，就是当年胡适居住养病的地方，也是他和他的表妹曹佩声女士双栖双宿海誓山盟之所。"

汪静之老先生指着那一排僧舍说："那里是当年适之先生与佩声的卧房，胡适住最东头一间，曹诚英住中间一间，正好在隔壁。上壁开了一扇门，因为胡适住的东间朝东廊无门，于是就从此门经过，出入走廊。曹诚英房舍加隔一层板壁，一分为二，卧室在里间，外间作起坐间，糜表哥英表妹共用。"这真是为一对有情人天设地造的幽会之所——关上门就是一间，有外客进来，又是名副其实的两套。至于侄儿思聪，他的住舍远在大殿另一头的西斋，而且还间隔天井、厨房。东斋三间房，只有胡适、曹诚英两人住，十分清幽。

只是，远在北京的江冬秀不知道这些。

她知道曹诚英在烟霞洞，但并没有多想，还来信表示感谢："佩声照应你们，我很放心。不过，她的身体不很好，常到炉子上去做菜，天气太热了，怕她身子受不了。我听了很不安。我望你们另外请一厨子罢。"这个可怜的女人，却是放错了心，她做梦都不知，当年婚礼上那年轻的伴娘如今正同她的丈夫在一起。

9月26日，26岁的徐志摩来到烟霞洞。听说胡适和曹诚英、高梦旦、陶行知以及金复三居士夫妇一大早就游桃花坞去了，徐志摩怅惘地说："土地不见了"。下山前，徐志摩捡了几张大红叶，望着远方说："没有白来，我们还闻到了桂花栗子香。""土地"指的便是胡适，即主人不见了。

9月28日，胡适同曹诚英、陶行知在湖滨旅馆乘车，去斜桥观潮。为了看潮，他们头天下山。到了斜桥，家在此地的徐志摩早就在此等候，此外还有汪精卫、马君武、任鸿隽、陈衡哲、朱经农以及美国瓦萨大学史学教授爱勒略小姐共十人。他们分乘两船到盐官，途中聚集在一只船里吃饭，十个人挤在一个小船舱里，满满的。饭菜是大白肉、粉皮包头鱼、豆腐小白菜、芋艿，吃得很快活。

徐志摩替曹诚英蒸了一个大芋头，大家都笑了。到了盐官，步行上岸，在镇海塔下观潮。据胡适日记所载，潮水来去的情形是这样的：

潮到时已近一点半钟。潮初来时，但见海外水平线上微涌起一片白光，旋即退下去了。后来有几处白点同时涌上，时没时现，如是者几分钟。突然间几处白光连成一线了。但来势仍很弱而缓，似乎很吃力的。大家的眼光全注在尖山一带，看潮很吃力地冲上来。忽然东边潮水大涌上来了，忽然南边也涌上来了。潮头每个皆北高而斜向南，远望去很像无数铁舰首尾衔接着，一齐横冲上来，一忽儿潮声震耳，如千军万马奔腾之声，不到几秒钟，已涌到塘前，转瞬间已过了我们的面前，汹涌西去了。

胡适与曹诚英的关系被这几个朋友全然看在眼里，胡适也丝毫没有避讳。当胡适把《烟霞杂诗》给徐志摩看时，徐志摩问他："尚有匿而不宣者否？"胡适直言："有。"于是，徐志摩在日记里写："与适之谈，无所不至，谈书谈诗谈友情谈爱谈恋谈人生谈此谈彼；不觉夜之渐短。适之是转老回童了，可喜。"

10月3日，胡适与白涛同到南高峰，为了修通烟霞洞小路，胡适捐了20元给南高峰寺僧通果。寺僧要胡适为新路上的一洞题名，因洞中多石乳，形状很美，胡适题"玉乳"二字给他。

当晚，胡适半夜醒来，月光洒在他的头上，很美也很孤寂，月有阴晴圆缺，曹诚英开学在即，已回到了杭州女师。离别自是恋恋不舍，胡适在日记里怅惘地写道：

睡醒时，残月在天，正照着我头上，时已三点了。这是在烟霞洞看月的末一次了。下弦的残月，光色本凄惨；何况我这三个月中在月光之下过了我一生最快活的日子！今当离别，月又来照我。自此一别，不知何日再能继续这三个月的烟霞山月的"神仙生活"了！枕上看月徐徐移过屋角去，不禁黯然神伤。

分开了短短十几天，10月20号，两人又在西湖相聚了，同行的还有朱经农和徐志摩。

四人先是在楼外楼吃螃蟹，饭后于西湖上泛舟。傍晚，几人在楼外楼吃饭赏景。月色如水，洒在西湖上，雷峰塔安静地沐浴在月光之中。曹诚英十分开心，趁着众人闹酒混乱，与胡适一起临窗赏月。

半醉的徐志摩在众人的起哄中一定要曹诚英唱歌，胡适还想阻止，而曹诚英却大大方方当场唱了一曲《秋香》。绝美的月色和着妙曼的歌声，荡漾在西湖之上，让人心醉。后来徐志摩在日记中说："曹女士贪看柳梢头的月，我们把桌子移到窗口,这才是持螯看月了!夕阳里的湖心亭妙,月光下的湖心亭,更妙。曹女士唱了一个《秋香》歌,婉曼得很。"

胡适后来也有《烟霞洞》一诗:

> 我来正值黄梅雨,日日楼头看山雾。
> 才看遮尽玉皇山,回头又失楼前树。

又一场秋雨,沾染了西湖之畔的离歌。手指尖似乎有花瓣滑落,又仿佛是时间从掌中慢慢溜走。多少年后,人们早不记得,在烟霞洞中发生的一次心跳,一场萌动。人间写烂西湖本,谁信烟霞别有天。我又不禁想起了那夜,那歌,那浅笑,那落寞。

吹不散我心头的人影

1923年12月5日,胡适回到北京后,在西山秘魔崖养病。同是养病,这里的风光却比烟霞洞要差了好远,或许是景物依似,故人却不在身边罢了。静夜里,胡适披衣夜坐,望着窗外黑压压的树林,他心烦意乱,写下了《秘魔崖月夜》:

> 依旧是月圆时,
> 依旧是空山,静夜;
> 我独自月下归来,——
> 这凄凉如何能解!
> 翠微山上的一阵松涛,

惊破了空山的寂静。

山风吹乱了窗纸上的松痕，

吹不散我心头的人影。

显然，胡适永远忘不了烟霞洞的那段神仙般的日子，山风吹来，松涛阵阵，胡适的心也格外孤寂难耐，他干脆做了一首《烦闷》的诗，末尾写"放也放不下，忘也忘不了"，他自己都觉得太过直白，又用笔涂去了，重新写："刚忘了昨儿的梦，又分明看见梦里的一笑。"

两人之间书信不断，为避免江冬秀察觉，曹诚英自杭州女师毕业后，给胡适寄信，封面改用英文写，并委托自己在南开大学任教的二哥曹诚克转寄，以避江冬秀耳目。

在信中，她写道："我们在这假期中通信，很要留心！你看是吗？不过我知道你是最谨慎而很会写信的，大概不会有什么要紧……你有信可直寄旺川。我们现在写信都不具名，这更好了。我想人要拆，就不知是你写的。我写信给你呢？或由我哥转，或直寄往信箱。要是直寄信箱，我想你我的名字不写，那么人家也不知谁写的了。你看对吗？"

信的末尾，她放纵地喊道："糜哥！在这里让我喊一声亲爱的，以后我将规矩地说话了。糜哥！我爱你，刻骨的爱你。我回家去之后，仍像现在一样的爱你，请你放心……祝我爱的安乐！"

为了这份爱情，为了得到这份爱情带给她的一点点温暖，她毫无顾忌地如飞蛾般向火苗扑去，义无反顾。

正是这封信，让胡适萌生了同江冬秀离婚的念头。他在《怨歌》中慷慨激昂地写道："拆掉那高墙，砍掉那松树，不爱花的莫栽花，不爱树的莫种树！"这里的"高墙"是指封建礼教的阻隔，松树是象征遮挡"雨露和阳光"，使爱情之花"憔悴"、"早凋"的封建势力。但是一回到江冬秀身边，胡适立马变成了泄气的皮球。

胡适在这年春天，开始向江冬秀提出离婚，江冬秀不听则已，一听勃然大怒。她从厨房中拿把菜刀，说："离婚可以，我先把两个孩子杀掉。我同你生的孩子不要了。"当下吓得胡适面如土色，不敢再提此事。江冬秀也不避亲近的人。一次，石原皋在场，江冬秀说起此事，想及自己十多年的等待，忍受种种流言蜚语，真是越想越气，越说越怒，随手抓了把裁纸刀要向胡适掷去。多亏石原皋劝住，才未酿成家庭血案。

1924年9月3日，江浙战争爆发，孙传芳攻打并占领了杭州。胡适紧急拜托徐志摩去杭州解救曹诚英。为了保险起见，徐志摩不顾战火的危险，直奔杭州，但却搜寻未果。当晚，徐志摩给胡适写了一封信："多么令人讨厌的雨天！火车晚了三个钟头。我刚从她的学校回来，她不在那里。我马上会派人送一个便条到她亲戚家，你记得的，我们在他家吃了徽州佳肴的晚餐。我估计今晚可以见到她。杭州现在并不危险。战事所在地是在省的东界，我认为那是决定胜负的地方。因此，我觉得她实在不如就留在此地。上海并不见得比较安全，况且，要作为一个单身小姐找个合适的安居之处，简直比登天还难。躲到租界里去，则又断然令人难以接受。总之，我今晚就会见到她，然后再告诉你她的想法。如果她缺钱的话，我一定会尽力的。不要担心，杭州比较安全，留在这儿，她也会比较安全的。"后来，徐志摩顺利地找到了曹诚英兄妹，并在杭州荡舟游玩了一番。

一年后，徐志摩陪同他父亲重游西湖，回想起往事，给胡适写信说："一年前也是一个雨天，你记得我从上海冒险跑回来，晚上与胜之兄妹游湖，又听了一遍'秋香'，余音还在耳边。"

曹诚英在杭州女师毕业后，回了老家，后又考入南京中央大学农学院，与后来的物理学家吴健雄、生物学家吴素萱同学。她在南京念书期间，胡适途经南京，也总会去看望她。1934年秋，曹诚克资助她到美国康奈尔大学留学。胡适给他在美国的多年知己韦莲司写信，请她在英文口语与生活方面给予"表妹"帮助和引导。韦莲司的确很好地照顾了曹诚英，最令人感到惊异的是，在她知道曹诚英是胡适的情人以后，还更加特意地照顾了曹诚英。

曹诚英 1937 年获遗传育种学硕士学位，回国后在安徽大学任教。她是我国农学界第一位女教授。抗战爆发后，她于 1938 年初抵达成都，在四川大学农学院农艺系任遗传学教授，母亲和她同住，她们雇了一位女工。曹诚英一到成都，就迅速投入了科研工作之中，她 1938 年 4 月给胡适的信里讲述，自己得到了中华教育文化基金会的补助，进行棉种细胞以及遗传上的研究。但提交了第一次报告以后，研究工作因战争的缘故受到影响，只能结束一部分的遗传研究。战时经济匮乏，川大农艺系为了支持她的研究，特别拨给她 500 元仪器费，其他三位教授共分 500 元。虽然这费用还不够买一架显微镜，但已经让曹诚英感激涕零了。

后来胡适去了美国，两人联系中断。而曹诚英对胡适的思念却没有减淡半分。有一次，留美的同学吴素萱给曹诚英的信里提到，她见到了胡适。曹诚英反应很激烈，写信给胡适说："糜哥，你要答应我以后不要再和吴素萱、吴健雄接近，除了不得已的表面敷衍之外，否则我是不肯饶你的。糜哥，答应我说'不'！一定答应我！……别人爱你我管不着，然而若是我的朋友，她们爱你，我真会把她们杀了。"

这该是怎样的一种爱啊！这么强烈、暴露。所谓爱之深，恨之切，这一句句，皆是滴血的抱怨。

1939 年的时候，有一位曾姓男子爱上了她，向她求婚，曾家的亲戚打听她的情况，问到了江冬秀那里，江冬秀自是没说什么好话。那曾姓男子接到亲戚的信，立刻变了卦。

经历了这重重打击，曹诚英已身心皆疲，百病丛生，绝望至到峨眉山出家，被哥哥和好友劝了回来。

1939 年旧历七夕，她写了一首词寄给胡适：

孤啼孤啼，倩君西去，为我殷勤传意。道她末路病呻吟，没半点生存活计。
忘名忘利，弃家弃职，来到峨眉佛地。慈悲菩萨有心留，却又被恩情牵系。

胡适的日记记载，信里除了这首词："此外无一字，亦无地址，故我不能回信。邮印有'西川，万年寺，新开寺'几个字可认。"

胡适远在天边，鞭长莫及，只得苦叹息。过了没多久，吴素萱回国，胡适捎了一封信和200美金，要她带给曹诚英。曹诚英得之后欣喜若狂，不再有出家之念。吴素萱写信向胡适报告了曹诚英的近况后说："可见你的魔力之大，可以立刻转变她的人生观。我们这些作女朋友的实在不够资格安慰她。"

1943年，恰好是胡适和曹诚英在烟霞洞共筑爱巢的第20个年头，曹诚英托人给胡适带去三首词，写得凄苦而伤感，如《虞美人》中云：

鱼沉雁断经时久，未悉平安否？万千心事寄无门，此去若能相遇说他听：
朱颜青鬓都消改，惟剩痴情在。廿年孤苦月华知，一似栖霞楼外数星时。

这一年，曹诚英已41岁。

1949年，胡适离开大陆前与在复旦大学任教授的曹诚英见过最后一面，曹诚英知道他要去台湾，哭着劝道："哥，你不要再跟蒋介石走下去了。"

然而胡适没有听曹诚英的劝告，流亡到美国，从此两人音讯断绝。

新中国成立后，曹诚英从复旦调到沈阳农学院，在那里培育出东北地区广为种植的高产马铃薯。她待学生极好，有个叫吴万和的学生动手术，她去看望他，给他留下纸条："你在病中定会想念母亲。你有什么要母亲做的事，就让我来给你做吧……"

她一直没有机会做一个真正的母亲，唯有将这份母爱转嫁到学生身上。

"文革"的时候，造反派揪出了她与胡适的恋情，勒令她交代"反革命事迹"，她拄着拐杖，站在他们面前，从清早站到晚上，一遍遍听着辱骂。

1968年，她回了绩溪老家。

那一年，她66岁。

她有较高的退休金，却很节俭，她想在故乡寻找一处房前屋后可以耕作的住所，同时自筹资金建一个养猪场，一座气象台，但幻想一一破灭。她一生积蓄都捐给故乡修桥补路、救灾助学、购买农机，贡献良多。

晚年她病痛缠身，求医不易，居所也简陋而不稳定。

她被后人称作"才女"，却没有诗文流传于世。她生前所著，都由挚友汪静之保管，在她死后，遵照她的遗嘱而付之一炬，仅留下很少的片段。

也罢，不留尚好，这种断肠的诗，最容易赚人的泪水。

遵照遗嘱，曹诚英被安葬在旺川通往上庄的路旁，这条路是通往上庄的唯一一条路。她对胡适的守望一生不改，死后，仍然守望在他必经的路旁，期待有朝一日，能够看到胡适回乡的背影，听到他那爽朗的笑声。

花瓣儿纷纷落了

1926年农历七月七日，传说中牛郎织女相会的那天，北京北海公园里一片喜庆的气氛，风流才子徐志摩与京城名媛陆小曼，经过一段曲折浪漫的相恋之后，在此举行婚礼。证婚人是徐志摩的老师梁启超先生。

轮到证婚人致辞时，梁启超缓缓起身，表情肃然地说："徐志摩，你这个人性情浮躁，所以在学问方面没有成就；你这个人用情不专，以致离婚再娶……以后务必要痛改前非，重新做人。"此言一出，举座皆惊。梁启超接着说："徐志摩、陆小曼，你们听着！你们都是离过婚，又重新结婚的，都是过来人了！这全是由于用情不专，以后要痛自悔悟，希望你们不要再一次成为过来人。我作为徐志摩的先生——假如你还认我作先生的话——又作为今天这场婚礼的证婚人，我送你们一句话，祝你们这次是最后一次结婚！"这段骂训交并、一反常规的证婚辞，令徐志摩面红耳赤，陆小曼脸色发白，冷汗涔涔。徐志摩强忍愧作，上前对梁启超说："先生不要再讲下去了，顾全一点弟子的面子吧。"

这一番结婚祝词可谓别开生面，多少年来，也成为了一段传奇。

徐志摩和陆小曼的爱情，用"轰轰烈烈"来形容，一点都不为过。陆小曼的丈夫王赓时任哈尔滨警察厅长，虽不在北京，但侯门如海，徐志摩要用钱来贿赂门房（每次500元）才有可能与陆小曼见面，而陆小曼给徐志摩写情书不但要用英文，连寄信也只能自己抽空出去寄。几经波折，徐陆二人的恋情愈演愈烈，弄得满城风雨，王赓甚至还拔出枪来威胁陆小曼，但这一切都遏止不住二人的热情。对于徐志摩与陆小曼的爱情，郁达夫的看法颇为中肯："他们的一段浓情，若在进步的社会里，有理解的社会里，岂不是千古的美谈？忠厚柔艳如小曼，热烈诚挚如志摩，遇合在一起，自然要发放火花，烧成一片了，哪里还顾得到纲常伦教？更哪里还顾得到宗法家风？"

但那时陆小曼和王庚尚未离婚，陆小曼家人也不同意两人往来，周围的铜墙铁壁压得徐志摩喘不过气来，正在此时，徐志摩收到印度著名诗人泰戈尔的助手恩厚之从南美发来的信，说泰戈尔近来身体欠佳，在病中牵挂着志摩，希望他能到意大利与病中的老诗人相会，安慰老诗人。收到信后，志摩非常激动和着急，他把这一消息告诉挚友胡适，胡适鉴于他目前尴尬、痛苦的处境，劝他最好借此机会出去走走。胡适劝他说："志摩，你该了解你自己，你并没有什么不可撼动的大天才。安乐恬嬉的生活是害人的，再像这样胡闹下去，要不了两年，你的笔尖上再也没有光芒，你的心再也没有新鲜的跳动，那时你就完了。你还年轻，应该出去走走，重新在与大文学家大艺术家的接触中汲取营养，让自己再增加一些作诗的灵感，让自己的精神和知识来一个'散拿吐谨'。"

听从了胡适的劝告后，徐志摩于1925年3月11日从北京启程，前往意大利去会印度诗圣泰戈尔。出发前，他与陆小曼约定了通信方式：陆小曼给徐志摩的信，是寄给剑桥大学的狄更生教授，等徐志摩到英国以后再去取；徐志摩的信，则寄到北京中街陆小曼的父母家。

据徐志摩回忆，光是在四月上半月，他就从翡冷翠（佛罗伦萨）大概寄出了十封左右给陆小曼的信；反之，一直到五月下旬，徐志摩才收到陆小曼的四封信。急得徐志摩央求陆小曼非救他不可，他说每天一起床，戴上眼镜，就直奔楼下去看看有信没有。可是照例是失望，"一阵子悲痛，赶快回头躲进了被窝，抱住了枕头叫着我爱的名字，心头火热的浑身冰冷的，眼泪就冒了出来，这一天的希冀又没了"。想着想着，徐志摩不禁埋怨起陆小曼来："你要知道你那儿日子过得容易，我这孤鬼在这里，把一个心悬在那里收不回来，平均一个月盼不到一封信，你说能不能怪我抱怨？"

徐志摩在那边过着他的"孤鬼"日子，陆小曼却在北京兴致勃勃地继续着自己多姿多彩的社交生活，并开始写她的日记："听得先生们讲各国大文豪写日记的趣事，我心里就决定来写一本玩玩"；"我上了三个钟头的课，先生给我许多功课，我预备好好的做起来。"陆小曼在这里所说的"先生"即胡适。

多少年来，有人暗自揣测胡适与陆小曼之间也有一段情，有人说胡适认识陆小曼在徐志摩之前，甚至捕风捉影地说胡适自己想要陆小曼，但因为惧怕老婆，于是把她介绍给自己的朋友徐志摩，就可以借此来亲近她。

我们无法知道这段推测是不是空穴来风，不可否认的是，在这段时间里，胡适的确和陆小曼交往过密。

4月22日，陆小曼因为心脏的问题住进了协和医院。第二天，胡适就写信向徐志摩报告详细情况，他说陆小曼的母亲疑心女儿的病是被徐志摩那一封接一封痴狂的信所激出来的。此后，胡适就让徐志摩把信寄到他自己在邮局开的51号信箱。值得一提的是，徐志摩并不知道陆小曼有胡适信箱的钥匙，他一直以为寄到胡适邮局信箱的信，是由胡适自己去取，然后转交给陆小曼的。

陆小曼在拥有了51号信箱的钥匙后，不光顾着自己接徐志摩的信，更自告奋勇地充当起了为胡适传递信件的邮差："我今天去了邮局，只有一封是我的，其他的都是你的。我随信附上这一封你在等的信。其他都无关紧要，全是报纸，只有这一封会让你开心的信。"而这一封让胡适开心的信，自然是曹诚英写的。

自从在烟霞洞的神仙生活被江冬秀知晓之后，她就开始严格控制胡适与女性朋友之间的往来。在胡适尽力撮合徐志摩与陆小曼这两人时，江冬秀又坐不住了。

有一天叶公超等人在胡家，江冬秀又当着这些人的面骂胡适，骂新月的这些人:"你们都会写文章,我不会写文章,有一天我要把你们这些人的真实面目写出来,你们都是两个面目的人。"刚说到这儿,胡适从楼上走下来,对江冬秀说:"你又在乱说了。"江冬秀说:"有人听我乱说我就说。你还不是一天到晚乱说。大家看胡适之怎么样,我是看你一文不值……"

胡适不堪这种压抑的环境,打算出国换一下环境,看能不能写出点好东西来。丁文江毫不避讳地对胡适说:"这一年你就像是一只不生奶的瘦牛,所以我要给你找一块新的草地,希望你挤出一点奶来。"徐志摩在信中听闻后,突发奇想,请胡适帮助自己与陆小曼私奔,甚至连细节都想好了:

你真的要出来吗?如果当真,这将是你成全一件美事的大好机会:把小曼带着,跟你一起出来!你一定会觉得这真是个异想天开、疯狂的想法。但是,你自己想的话,它一点都不,而且一点都不难。对的,为什么不这么做呢!这是她唯一的救赎之道,既干净又利落,又一刀两断。她可以在法国、意大利、或者英国学艺术,那不是像在天堂一样吗!如果必要的话,我可以到莫斯科来接你们。真的,这将是多美好的一件事!如果她自己要求跟你同行,你就无法推辞了——当然,先生哲学家自己可必须懂得安分喔,否则艾伯拉的故事会在二十世纪重演,一笑!

徐志摩所说的艾伯拉,是12世纪法国哲学家,跟比他小20多岁的学生爱露伊丝发生关系,被爱露伊丝的叔叔阉割。

也许徐志摩感觉到了一丝不安分因素,一个是冠盖京华的洋博士,一个是绝世独立的美才女,两人之间难免不会擦出火花,上演一场桃花劫。

徐志摩的信寄出去很久之后,一直没有收到回信,他只好另作打算。他到意大利之后,才发现泰戈尔早在2月间就已经回印度去了。6月上旬,他接到泰戈尔的电报,说他8月会到,请等候。徐志摩在4月底给泰戈尔的信里,就说他最迟9月份必须回中国,但他愿意等到8月。然而到了7月13日,他却无论如何都等不了了，内心的思念和煎熬生生地要把他拖回北京。他在给恩厚之的信里说他第二天就要到巴黎去申请苏联的签证，然后就要坐火车横贯西伯利亚回北京。他请恩厚之一定要替他向泰戈尔道歉，他已经没有办法再等了。还好他没等，因为泰戈尔一直要到一年以后，才接受墨索里尼的邀请再访意大利。两天后，他从巴黎写信给恩厚之，说他也许当晚就可以离开巴黎，月底抵达北京。

胡适的确很好地照顾了陆小曼，但是照顾的方法却是徐志摩始料未及的，用徐志摩自己的话说，胡适是当了他跟陆小曼之间的"红娘"。然而，在这几个月里，胡适却离艾伯拉只差了一步，这个"红娘"倒有点不称职了。

被胡适誉为"四川只手打倒孔家店的老英雄"的吴虞 1925 年 6 月 14 日在日记写道："立三约往开明观剧，见须生孟小冬，其拉胡琴人为盖叫天之拉胡琴者，叫座力颇佳。胡适之、卢小妹在楼上作软语，卢即新月社演《春香闹学》扮春香者，唱极佳。"卢小妹即陆小曼。值得注意的是"软语"二字，陆小曼对胡适这位老师，表现的却不是那种师生之情。《胡适档案》里残存着三封陆小曼写给胡适的英文信，我们可以从信中找到两人关系的一鳞半爪。

第一封写道：

我最亲爱的朋友：

这几天我很担心你。你真的不再来了吗？我希望不是，因为我知道我是不会依你的。热得很，什么事都作不了。只希望你很快地来看我。别太认真，人生苦短，及时行乐吧。最重要的，我求求你为了你自己，不要再喝了。就答应我这一件事，好吗？你为什么不写信给我呢？我还在等着呢！而且你也没有给我电话。我今天不出去了，也许会接到你的电话。明天再给你写信。眉娘。

第二封信是一个星期六写的：

我最亲爱的朋友：

让我再写信给你，只要这不惹出麻烦的话。我就用这封信来代替我本人，因为我的人不能到你身边来。我希望我的信可以给你一点慰藉。但你一定答应我不可以笑我不雅的英文。也许这可以逗你笑，让你觉得你这个淘气的小学生是多么的天真无邪。你今天下午好吗？不要急着出来，因为你可能会着凉。好好在家静养。听话。我永远都是对的，对不对？

今早你给我电话的时候我还在床上。我最近累得很，十点以前就是起不了床。明天早上我会去看我的法文老师，下星期一开始上课。你呢！我的先生，你什么时候才会开始教我呢？现在大家都知道你是我的先生了，你得至少偶尔教教我，才可以让他们相信你确实是他们心目中所想象的先生。H.H现在来了，我不能再写了。我们现在要开始上课，然后我们可能跟爸妈去看戏。明天就别出来了，多休息几天。当然，我非常急切地想要你来我家，但我不应该太自私。再见了，最亲爱的，你永远的眉娘。

第三封信是一个星期五写的：

我最亲爱的朋友：

我终于还是破戒写信给你了！已经整整五天没有见到你了，两天没有音信了。你怎么发烧了？难道你又不小心感冒了？今天体温多少？我真是焦急，真希望我能这就去看你。真可惜我不可能去看你。我真真很不开心。请你一定要好好照顾自己。现在要换成我当先生，等你好了以后，我要好好地教训你，如果你再一次不听话，你就等着瞧！你这个淘气的人！我会处罚你，让你尝尝滋味。大爷！你现在做的，是不可工作，不可以用脑筋，也最好不要看小说，最重要的，是不可烦恼。哦！我现在多么希望能到你的身边，读些神话奇谭让你笑，让你大笑，忘掉这个邪恶的世界。你觉得如果我去看你的时候，她刚好在家会有问题吗？请让我知道！我不敢用中文写，因为我想用英文会比较安全。我的字还像男人写的吧？我想她看到这些又大又丑的字不会起疑心的。祝你飞快康复。你永远的玫瑰（Rose）眉娘（按：Rose 的字母里的"o"是画作心的形状。）又：请不可取笑我的破英文，我可是匆匆写的哦。

这三封信陆小曼之所以用英文来写，是欺胡适的老婆江冬秀不懂。但信中所透露出来的关怀备至、爱慕有加，完全已超越了一般朋友的关系。她似乎已经希望并且愿意把自己的一生从此交给胡适来"安排"，而并不在乎外在的"名分"。

但是，胡适太爱惜自己的羽毛，他在徐志摩与陆小曼之间表现得冷静而又理智。陆小曼在胡适的生命中，是其中一颗星星而已。他们之间的故事就像是一个多变的魔方，我们可以将他们一点点还原，然后才能知晓每一位在其中所充当的角色。而胡适对陆小曼的这份爱，就像简体的"爱"字，虽然比繁体中少了一颗"心"，但却多了一个"友"，这份让人琢磨不透的友情，是弥足珍贵的。

胡适是太阳，应当有三个月亮，一为发妻江冬秀，二为美国女子韦莲司，三为曹诚英。除了"三个月亮"之外，还有不少的星星伴在胡适的生命之中。陆小曼就是其中一颗最明亮的星辰！胡适曾赞赏说："陆小曼是北京城一道不可不看的风景。"他还做过一首《瓶花诗》，这首诗并未出现在胡适诗文集中，它是胡适以诗代函写给陆小曼的"体己话"：

不是怕风吹雨打，

不是羡烛照香熏，

只喜欢那折花的人，

高兴和伊亲近。

花瓣儿纷纷落了，

劳伊亲手收存，

寄给伊心上的人，

当一封没有字的书信。

花瓣飘落，飘落的却是眼前的心性。李煜名句"林花谢了春红，太匆匆，无奈朝来寒雨晚来风"可为佐证。这其中的意境不需陆小曼仔细研磨，只一眼，便能看出，两人自是心有灵犀。

陆小曼喜欢画画，曾创作一幅大山水，胡适题诗一首：

> 画山要看山，
>
> 画马要看马。
>
> 闭门造云岚，
>
> 终算不得画。
>
> 小曼聪明人，
>
> 莫走这条路。
>
> 拼得死功夫，
>
> 自成真意趣。

胡适在感情上能够收放自如，一旦发现这些女子陷得太深、有点纠缠的时候，他马上打退堂鼓，这就是胡适，在情感上相当内敛、保守，在各种各样的文件中尽量隐藏，蒋介石说他是"新文化中旧道德的楷模"是有道理的，他受这种旧道德的束缚相当大。

多少年后，他同一代名媛在北京的那道风景也渐渐消逝，只留下人们无尽的猜测和遐想。

牢笼中的棕色小鸟

1926年，胡适把家搬到景山大街陟山门6号，这处宅院，房子宽敞，庭院气派，有长廊，有停车间、锅炉房、浴室和卫生间。如今的陟山门大街变成了连接景山公园和北海公园的一条商业步行街，青石铺路，两侧尽是店铺，昔日胡适居住的地方早已寻不见。

这处住宅原是林长民的，今人提起林长民，往往说，"他是林徽因的父亲"。而当年说到林徽因，则介绍说，"这是林长民的女儿"。在当年，林长民的名声远胜于林徽因。林长民的家族是福建名门，祖上世代为官。清末民初，这个家族出了许多为革命献身的人物，堪称满门英烈，因此被后世人称为"林家铺子"。

林长民是郭松龄的秘书长，因造张作霖的反，双双被打死。林长民死后，很多人都为这个不世之才的惨死极为惋惜。

林长民晚年在宅院里栽着梧树两株，所以自号"双梧老人"，胡适搬进去的时候，这两株梧树依然在。

搬了新家的胡适未尝有丝毫的喜悦，此时江冬秀正在为胡适替徐志摩和陆小曼做媒的事发脾气，甚至有一次当着客人的面说："你要做这个媒，到了结婚的台上，我拖都要把你拖下来。"很快，胡适找到了离开这个苦闷的地方的机会。他作为中国代表之一参加了在上海举行的中英庚款顾问委员会的会议，商讨英国退还庚子赔款的使用问题。随即参加以英国人威灵顿子爵为团长的访问团，到汉口、南京、杭州、北京、天津等地访问，听取各方面人士的意见。5月，访问团一致主张设立"中英庚款董事会"，全权管理英国退还的部分赔款。7月，胡适离开北京，经哈尔滨，乘西伯利亚铁路的火车，到英国去出席中英庚款委员会全体会议。

7月29日，胡适到达苏联首都莫斯科。稍事休息后，第二天胡适便去参观革命博物馆。他细细看了俄国1890年至1917年的革命运动史料，很受感动。第三天，他遇着美国芝加哥大学的两位教授，便同他们一道去参观莫斯科的监狱。又同他们讨论苏俄的教育，看了一些教育方面的统计材料，印象也不错。胡适觉得苏俄"真是用力办新教育，努力想造成一个社会主义的新时代"。

胡适按捺不住心中的喜悦，写信给徐志摩说，在莫斯科仅三天，自己却已经被苏俄人民的认真与发愤有为的气象所震撼感动，从愧死里生发出发愤振作一番，鼓起一点精神来担当大事的豪情。出国前的烦闷一扫而空，并高呼：要严肃地做个人，认真地做点事，方才可以对得住我们现在的地位。经过这一番洗礼，胡适好像已经脱胎换骨，他下定决心"预备回国后即积极作公"，并且要带点"外国脾气"回来"耍耍"。

8月中旬，一行人到达伦敦，中英庚款董事会其实只开了几天的会议，剩下来的时间，胡适除了在英国、爱尔兰作一系列的演讲，也去了德国的法兰克福作了演讲以外，大部分的时间，都是在法国国家图书馆以及大英博物馆中度过的。在这两个巨大的藏书阁，他看了大量的禅宗资料。

1927年1月12日，胡适应哥伦比亚大学之邀，随着轮船来到了他的第二故乡——美国。

这是一片让胡适心动的国土，柔软到胡适都不敢轻易去触碰它，胡适不敢去触碰的，还有这片国土之上的那个多情少女——韦莲司。

自从十年前和胡适分手之后，韦莲司就放弃了在纽约的前卫艺术生涯，回到故乡绮色佳，过起了自由创作的生活。1917年，她的母亲在给胡适的信中说："女儿成天在她的画室里忙着……我把那间大的卧房给她作画室。家具都已移走，贮藏起来，墙壁要怎么处置，完全会遵照她的品位。画室是她的天下，任何人都不可以去打扰她。她自己安排她的生活，我们只有吃饭跟晚上的时间在一起。朋友她爱见就见，不爱见的人则连门儿都没有。"

可是这种自由安宁的日子持续了不到一年，韦莲司的父亲与姐姐就相继离世。韦莲司遭受了双重的打击，不堪重负，她写信告诉胡适："现在我和母亲住在这一栋你再熟悉不过的房子里。我姐姐在一年多前过世了。那三年间和我朝夕相处的，是她那惊人的求生意志和不息的求知欲。"

1923年，看到胡适在信中写到自己这些年的成就时，韦莲司感慨不已："即使就以你今天的成就来说，我已经是惊叹莫名了。我原以为需要多年的辛苦耕耘的事业，你居然在一年内就做到了！我真高兴我们仍然可以把希望放在一些特立独行的人身上。当我们的眼睛都被世界各地破坏的烟尘所弄瞎的时候，你给我们的莫大恩惠是这个大家有目共睹的建设性工作……你这三年来的创造、努力以及看来已经水到渠成的成果，是我这一辈子所听说过最令人鼓舞和振奋的。在我看来，你的努力是纯粹在思想的层面，而军事政治斗争所表现的不就只是人欲和权谋而已吗？"

1924年，韦莲司结束了为大学教授整理资料的工作，进入康乃尔大学兽医系图书馆。在向胡适讲述自己的生活时，韦莲司颇显得自惭形秽："看你在那么艰巨的情况之下能有这么非凡的成就，而我在你眼前所展现的，却是如此的一事无成。"

胡适此次到美国后，一直忙着演讲，到绮色佳的行期一拖再拖，连韦莲司的母亲都抗议了。她写信告诉胡适："我当然非常失望，而且对你、对哈佛、对哥伦比亚的所有人都生着气，他们硬霸着你，不快快把你放给我们。我敢保证全美国没有其他人会像我们这样只关心你的人，而不是只关心你的哲学。"

终于到了3月的第一个星期六，胡适从纽约坐火车来到绮色佳。因为去费拉达尔斐亚城演讲，来回都要经过绮色佳，所以胡适和韦莲司小姐总共见了两次面。

韦莲司母女为胡适的到来欣喜万千，她们给胡适腾出一间客房，并准备了写字台和写字用的吸墨纸。

韦老太太非常欢迎胡适的造访，但是她太老了，而且又在病中，无法尽情交谈。由于韦家的老管家伍尔特殷勤照料胡适，胡适临别时给了他一笔小费。韦老太太发现了，要回胡适多给的至少4美元，兑作支票，用信退了回去。并在信中赞胡适"是个十全十美的客人"、"一个基督式的君子"，"可是如此大笔小费，在我家是不允许的"。

胡适只在绮色佳停留了八九天左右，在韦莲司家的时候也一直有韦莲司的母亲作伴，但他的出现对韦莲司来说无疑狂风巨浪，一遍遍地击打着她原本就脆弱的心房。一方面，胡适如今卓绝的成就让她自惭形秽，另一方面，她又拒绝将这一份最美好的感情永远藏在心底。在胡适离开后，韦莲司在信中痛苦地向胡适表露自己的感情,并将自己比喻成一只被禁锢在牢笼中的棕色小鸟,而飞到她面前暂停的胡适则是一只羽翼华美的天堂鸟:"你飞降下来,在一只棕色小鸟的鸟笼外驻足了片刻。她瑟缩在一个角落里,被一圈圈的铁丝紧紧地匝在她凌乱的羽毛上。鸟笼外站着的是一只天堂鸟,他有一双坚实的翅膀和一身柔丝般的羽毛。笼中的小鸟挣扎地走过去摸了一下他的羽毛,铁丝刺痛了她的身体。请原谅这只棕色的小鸟,她痛得几乎昏了过去,根本就忘了唱歌给你听。"三天后,她又为自己的唐突和在胡适面前的失态表示道歉:"我很后悔你在这儿的时候,我是那么的自私、只想到我自己。我一想到就羞愧不已,因为我没有让你休息,而只是让你更累;我没有让你能愉快、悠闲、清爽地休息一下,而只知道喋喋不休地讲我自己、跟讲过去。我最讨厌的,就是只想到自己,而忘了可以从别人那儿学到一些东西。除非我们是在作研究,老是缅怀过去只是感伤地在浪费现在的时光。请原谅我那么失态。我希望你来的这一趟,是带给你快乐和元气,但我害怕的是你反而是被弄得精疲力竭。"

3月31日,胡适去加州的旧金山,在丹佛作三次演讲。离开丹佛前,胡适给韦莲司发回一张明信片,上面寥寥数语写着:"这张明信片到达绮色佳的时候,我已经到了太平洋沿岸。然而整个美洲大陆也阻隔不了我对绮色佳的魂牵梦系。"

对于胡适来说,绮色佳同韦莲司应属同一个音,所代表的也是同一个意思。

看到自己的唐突并没有让胡适恼怒,短暂地恢复了平静与理智的韦莲司在给胡适的信中表达了自己的洒脱与感伤:"尽管我的信是满纸愚钝,谢谢你告诉我,说你回我信的时候总是谨于下笔。我希望我写信给一个我最崇拜的人的时候,也不是随意乱写的。我怎么知道你是怎么看我的?你塑造了个幻象中的女子——亲爱的适,让我们继续穿着这身正式的外衣吧,否则你所喜爱的这个幻象中的女子就会死去。我是如此平凡的一个凡人,一旦你整个了解我的时候,失望会让你伤心的,而在你我之间具有重大意义的激励和启发也将随之死去。"

胡适无限深情地告诉韦莲司,自己并不是一只羽翼华美的天堂鸟,而是一只在无边无际的大海上孤单翱翔的海鸥。举目四顾,他感到了前所未有的孤单,在给韦莲司的信中他伤感而又无助地说:"你也许不能完全了解,生活和工作在一个没有高手也没有对手的社会里——一个全是侏儒的社会——是如何的危险!每一个人,包括你的敌人,都盲目地崇拜你。既没有人指导你,也没有人启发你。胜败必须一人承担!……这时,你就只有自己来给自己一些劝慰、支持和鼓励了……我渴望到海上去,在摇摆的船上,看鲸鱼吐浪,欣赏无边的海天!在大海上做一只翱翔的海鸥……"

胡适的确欣赏到了海天,他于4月24日到了日本的横滨。在日本,胡适听说了蒋介石占领上海后,血腥杀害了共产党人。与此同时,北京、广州等地,出现了屠杀共产党人的潮流,恐怖主义笼罩着整个中国。

而在上海的高梦旦和在广州的顾颉刚都来信劝说胡适先不要回北京,因为北京的内阁中,胡适的许多熟人都为张作霖办过事。胡适如果还同他们混在一起的话,南方的民众肯定不会同意的。

4月28日,胡适的朋友李大钊被张作霖奉系军阀杀害。胡适在给韦莲司的信中说:"我想上海的朋友看法并不正确。他们过分考虑到我自身的安危,他们只是不要我卷入政治的旋涡。他们也许是过多受了眼前局势的影响,因而看不清事情的真相了。"

就在胡适彷徨之际,高梦旦于5月5日带给他一个喜讯,说他从侧面了解到国民党内部有人主张请胡适为上海市宣传部主任,徐志摩为副主任,而且还说"业已决定"。听到这消息后胡适终于放下心来,于5月底从神户乘船回国,到上海居住了下来。

魔窟的邻居

看完张爱玲的《色戒》之后,我突然对"76号"这个词产生了浓厚的兴趣。

"76"号这个特定名词，基本上等同于魔窟。这个极司斐尔路76号汪伪特工总部，曾是多少爱国人士的梦魇。

今天，这个名词被换成了万航渡路。走在历史与时空交织的街道上，给人一种错综迷离的感觉。这里没有整体的规划，马路曲曲折折，宽宽窄窄，极致处甚至颇有些曲径通幽的感觉。这条路名极司斐尔路，据传因某外国人之妻名极司，乃戏呼其所居之地为极司斐尔，意即极司的土地。

万航渡路的开始便是号称远东第一乐府的百乐门，它是旧上海灯红酒绿、十里洋场的象征。千人舞厅、弹簧地板、菲律宾乐队使得"百乐门"成为旧上海最有代表性的记忆。张学良、卓别林、徐志摩和陆小曼都来此跳过舞。白先勇编剧的话剧《金大班的最后一夜》更是将百乐门的风花雪月推向了极致。

离百乐门不远的万航渡路435号，便是旧上海臭名昭著的汪伪特工总部。现为上海市青少年教育基地、上海逸夫职业技术学校静安分部。行走在这条大街上，不由自主地想到警备森严的魔窟，再想到里面的"天牢""地牢""水牢"，不禁让人毛骨悚然。

不远处的极司斐尔路49号，便是当年胡适先生的故居，不敢想象这个温文尔雅的洋博士，当年的居所竟和令人闻之色变的魔窟如此之近。这是一幢带小花园的新式里弄住宅，当年楼下是客厅、厨房、餐厅和卫生间，楼上大间是胡适和夫人的卧室，旁侧小间是其两个儿子的卧室，另一侧是胡适的书房。

小楼前辟有花园，楼后凿有一个小水池，里面种着荷花。当年，胡适与张元济"衡宇相望，时相过从"。张元济的家乡海盐澉浦出产名贵水果杏李，初夏果熟，亲戚寄来后，张元济总要赠几枚给胡适品尝。张家后院辟有荷花池，结了莲子，张元济总是让园丁折下数支送往对门胡适的寓所。

1927年8月，胡适接受上海私立光华大学之聘，任该校教授，之后，又兼任东吴法科大学哲学讲座。每星期各去讲课三小时，两地共费时四个上午，其余时间写《白话文学史》。胡适自己的书全丢在北平，写书没有参考书，张元济帮了大忙。

听到胡适回到上海的消息，徐志摩、余上沅、梁实秋、饶孟侃、潘光旦、闻一多、丁西林等新月社老骨干便去拜访他。新月社最初在北京松树胡同成立，社名袭用了印度诗人泰戈尔《新月集》的"新月"之名。徐志摩对此的解释颇有韵味："它那纤弱的一弯分明暗示着怀抱着美好未来的圆满。"然而"三一八"惨案差点毁掉了这"纤弱的一弯"。如今，新月社联合复兴组织，成立新月书店，推举胡适为董事长，又办了《新月》月刊、《诗刊》季刊，还聚集新月社中对政治感兴趣的一部分人组成平社，并筹备一个政治性的周刊，名曰《平论》。这一轮"新月"就这样在黄浦江的天空上缓缓升起。

1928年3月，上海吴淞海边的中国公学发生风潮，要求改革校务，撤换个别教职员，并以实际行动封闭了教师及办公室，包围校长住宅，割断电话线，强迫校长交代，否认董事会，等等。校长辞职，校董会推胡适继任，希望他能出面维持，平息风潮。胡适因母校的关系，慨然允诺，于4月30日就任中公校长。

胡适接掌中国公学以后颇多兴革。改四院十七系为二院七系，加强了实力。据曾任中国公学副校长的杨亮功回忆，"胡先生在学校积极提倡学生写作，他认为这样可以引起学生读书兴趣"。由于这种办学方针，教授中作家较多，学校办有《吴淞》月刊，学生还办有《野马》杂志，创作气氛十分浓厚。

胡适也相当重视体育，曾亲自为全校运动会写了一首短歌：

健儿们大家上前。

只一人第一，要个个争先。

胜固然可喜，败亦欣然。

健儿们大家上前。

健儿们大家齐来。

全体的光荣，要我们担戴。

要光荣的胜，光荣的败。

健儿们大家齐来。

吴晗，当年名春晗，也在中国公学念书，是胡适的一个得意门生。在胡适讲授中国文化史课程时，吴晗得到胡适的指导和帮助，写出了他的第一篇学术论文《西汉的经济状况》，得到胡校长的赏识。后来胡适离开中公，吴晗也离校北上，考入了清华大学历史系二年级，胡适又介绍他在学校谋得当"工读生"的机会，解决了经济困难；又亲书一副对联送给他，写着：

大处着眼，小处着手；
多谈问题，少谈主义。

胡适还写信勉励吴晗，要他"训练自己作一个能整理明代史料的学者"，并在《大公报》上撰文希望大学生们以吴晗为榜样，"埋头读书，不问政治"。

吴晗那时确也深受胡适的影响，不仅把胡适送的对联挂在自己的房间里，也给胡适办的《独立评论》写文章，并且按照胡适的指导和要求，成了专治明史的著名学者。

胡适不拘资历，破格延聘沈从文来校任教，在中国公学曾传为美谈。沈从文刚开始还是有点胆怯的，他在给胡适的一封信里说："先生昨为文谋教书事，思之数日，果于学校方面不至于弄笑话，从文可试一学期。从文其所以不敢作此事，亦只为空虚无物，恐学生失望，先生亦难为情耳。"

沈从文说的不错，刚开始他的确闹出了笑话。

沈从文第一次走上讲台时站在课堂上约有十分钟说不出一句话来，课堂搞得很尴尬，最后，他只得在黑板上写道："我第一次上课，见你们人多，怕了。"下课后，学生们议论纷纷。消息传到教师中间，有人说："沈从文这样的人也来中公上课，半个小时讲不出一句话来！"这议论又传到胡适的耳里，胡适却不觉窘迫，竟笑笑说："上课讲不出话来，学生不轰他，这就是成功。"

胡适的宽容与鼓励，使沈从文挺住了，并坚持了下来。时间一久，沈从文逐渐恢复了自信,也适应了大学讲台,并成了一个受学生欢迎的教师。

沈从文在学校教书时已 26 岁。一直没有心情和机会谈情说爱。遇见学生张兆和后,他开始夜不能寐,常常在张兆和住的学生宿舍转悠。可是见到她后,他又紧张地表达不出来,弄得张兆和莫名其妙。

一次两次之后,沈从文开始用文字表达自己。他开始给她写情书了。一封封热情洋溢的情书抵达到张兆和的手中,先是让她害怕,紧接着让她不安,后来她便对此没什么感觉了。她那时年龄尚小,对沈从文没有什么爱的感觉,只当他是先生。

学校里追张兆和的男生也多,被同学们编了号:癞蛤蟆 1 号,癞蛤蟆 2 号,癞蛤蟆 3 号,沈从文被编为癞蛤蟆 13 号。

张兆和对情书的毫无反应,让沈从文异常痛苦,他甚至想到自杀。这种过激的念头传开来,张兆和也有点害怕,就拿了沈从文的信去找校长胡适:"你看沈先生,一个老师,他给我写信,我现在正念书,不是谈这种事的时候。"没想到,校长告诉她:"这也好,他文章写得挺好,你们可以通通信嘛……"摊上这么一个"缺德"校长,张兆和欲哭无泪了。

几年后,张兆和终于没能抵住沈从文的狂轰烂炸,委身下嫁给他。

1929 年 1 月 19 日,胡适去北平出席协和医院董事会,并探望病危的梁启超。上午九点多,当胡适抵达北京时,梁启超已经去世八个小时了。第二天,胡适去广慧寺送梁启超的遗体入殓,胡适十分悲痛,禁不住泪流满面。2 月 17 日,胡适出席了梁氏追悼大会,并赠挽联一副:

文字收功,神州革命;

生平自许,中国新民。

这副挽联不仅表达了胡适对梁启超的哀思,还表达了他对梁启超的评价。

送过了梁氏入殓后,胡适重游旧地——北京大学。三年后再见北大,他感觉十分亲切。蓦然相见,心头一阵暖意,写了首《三年不见他》的小诗:

> 三年不见他，
>
> 就自信能把他忘了。
>
> 今天又看见他，
>
> 这久冷的心又发狂了。
>
> 我终夜不成眠，
>
> 萦想着他的愁、病、衰老。
>
> 刚闭上了一双倦眼，
>
> 又只见他庄严曼妙。
>
> 我欢喜醒来，
>
> 眼里还噙着两滴欢喜的泪，
>
> 我忍不住笑出声来：
>
> "你总是这样叫人牵挂！"

由于《新月》接连炮轰国民党的统治，国民党上海特别市执行委员会宣传部致函新月书店，明告奉中央宣传部密令，查禁《新月》第二卷第六、七期合刊。随后，国民党上海特别市第四区执行委员会的宣传部发出命令："奉中央宣传部密令"，查禁新月书店出版之《人权论集》。刚刚焕发曙光的新月还没等发出热量就被阴霾遮住了。

伴随着《新月》人权运动的受挫，胡适也下决心从中国公学辞职。离开上海前他留下了《我们走那条路》和《介绍我自己》两篇文章。在《我们走那条路》中，他提出了一个"五鬼乱中华"的奇论：

我们要打倒五个大仇敌：第一大敌是贫穷。第二大敌是疾病。第三大敌是愚昧。第四大敌是贪污。第五大敌是扰乱。这五大仇敌之中，资本主义不在内，因为我们还没有资格谈资本主义。资产阶级也不在内，因为我们至多有几个小富人，哪有资产阶级？封建势力也不在内，因为封建制度早已在二千年前崩坏了。帝国主义也不在内，因为帝国主义不能侵害那五鬼不入之国。

这就是说，中国之所以坏到这般地步都是这"五大恶魔"闹的，而帝国主义和军阀势力都不在"五鬼"之列，都不算中国人民的敌人了。此言一出，举国皆惊。梁漱溟先生在对胡适的评价有八个字："轻率大胆，真堪惊诧！"连高梦旦家最守旧之九兄也称赞胡适说："不特文笔纵横，一往无敌，而威武不屈，胆略过人，兄拟上胡先生谥号，称之为'龙胆公'，取赵子龙一身都是胆之义。"

胡适离开上海北车站时候，多少是有些不甘心的，时下政局动荡，光明不可见，上海这个东方的巴黎已经失去了往日的色彩，变得死气沉沉，如山雨欲来般压得人喘不过气来。

三年，这并不太平的三年如同钱塘江的潮水般涌去，大浪淘沙，淘尽了无数繁华和喧闹。今年的花期已结束，明年，柔弱的花枝还要承受将来盛开的力量。

下一站，北平。

难别西天的云彩

米粮库胡同，因其专门囤积粮食而得名。《明宫史》记载："内宫监所管十作曰木作、石作、油漆……并米盐库、营造库等。"明之米盐库，清代改称米粮库。显然，囤积的这些粮食，是专供皇宫里那些人的，用的时候，只需沿着地安门大街、景山东街，三两步就到了故宫后门。还有一条更简单的道，就是从景山公园穿过去，因为那时候景山公园还不是一个开放的公园，而是皇家活动的一个场所。

胡适 1930 年回北京后，就住进了米粮库胡同。在这条短短的胡同里面，1 号住着陈垣、傅斯年，3 号住着梁思成、林徽因，4 号住着胡适。

民初名记徐凌霄对胡适居住的米粮库 4 号院有过这样的记述："紫城之北，景山之右，风物清妍，境地幽僻，有山林之佳淑，无车马之倾喧。博士之居在焉，名园清旷，大可十余亩，弥望皆奇石短松，饶苍古之趣，遥望红楼一角。"

稍事整顿后，胡适出席了北大为他举行的欢迎会，北大代理校长陈大齐、哲学系主任张真如、学生代表余锡嘏在欢迎会上致欢迎词。刚到北京，就受到这样的礼遇，胡适满怀感激之情。来北京不几天，12 月 17 日，刚好是胡适的 40 岁生日，而这一天又是北京大学成立 32 周年的纪念日。

当天上午，胡适到北大参加校庆纪念并在会上做了讲演，11 点多钟才赶回家，此时已经有陈大齐、陶孟和、余上沅、陈衡哲等百余人前来贺喜。在各种贺礼中，江冬秀送他的一枚戒指和赵元任等人送他的一幅贺诗最为特致。江冬秀送他的戒指上刻着"止酉"二字，引起了来宾们的注意。江冬秀见大家猜疑这两个字的含义，也不卖关子，当场给大家解释说：这是警告胡适在外面要少喝酒，他这个人向来好喝酒，管不住自己，经不起朋友劝。他身体不好，不宜多喝酒，让他带上这个戒指，时时提醒自己。"止酉"就是戒酒的意思。众人看到江冬秀将"酒"字错刻成"酉"都不禁捧腹大笑。

赵元任的贺诗写得很土很白：

胡适说不要过生日

生日偏偏到了

我们一般爱起哄的

又来跟你闹了

今年你有四十岁了都

我们有的要叫你老前辈了都

天天听见你提倡这样，提倡那样

觉得你真有点儿对了都

你是提倡物质文明的咯

所以我们就来吃你的面

你是提倡整理国故的咯

所以我们都进了研究院

你是提倡白话文学的咯

所以我们就啰啰嗦嗦地写上了一大片……

文人贺喜自有文人的智慧与幽默，这首诗后来在《晨报》上发表时，引来一片叫好，朱自清就说："这是一首用口语或会话写成的幽默诗，全诗的游戏味也许重些，但说的都是正经话。"

胡适在回北平的时候，就知道辞去教育部长职务的蒋梦麟出任北京大学校长的消息。在北上的火车上，胡适预感到蒋梦麟会拉他一起到北大任职，他对江冬秀说："糟糕，我搬回北平，本是决计不过问北大的事的，刚才听说梦麟今天被任命做北大校长。他回北大，我怕又逃不了北大的事了。"

胡适的话应验了，蒋梦麟还兼任文学院院长一职，由于事情太多，忙不过来，只得恳请胡适出来担任文学院院长，并兼任中国文学系主任。胡适经过考虑并与朋友商量，接受了蒋梦麟的邀请，但因他还在主持中基会的"编译委员会"的工作，所以不再受北大的薪俸。

胡适除了担任文学院长兼中国文学系主任外，还兼任了文科研究所主任，以及出版、学生事务、图书馆、财务诸委员会委员、《北大学生月刊》编委顾问等职，一度还任过教育系主任，成为北大的主要决策人之一。1932年4月，国民政府曾有意让蒋梦麟执掌教育部，而由胡适任北大校长，被胡适坚决辞掉了，汪精卫写信给胡适要求他出任教育部长，也被他回绝了。

胡适到北大任职了，当然忘不了他的好朋友，那位浪漫诗人徐志摩。

诗人徐志摩与陆小曼结婚后，经过短暂的甜蜜生活，已经开始趋向平淡甚至经常发生矛盾，尤其陆小曼流水一样的花钱，让徐志摩难以承受。现在胡适邀请他到北大任职，虽然有些辛苦，但也有一笔不错的薪水，正可以补充一下经济的拮据。他接到胡适的信后，很快就回信了："适之，你胜利了，我已决意遵命北上。"

徐志摩此前就来过四次北大，两次是当学生，两次是当教授。徐志摩来北京后，直接住到了胡适家里。江冬秀待徐志摩极厚，连徐志摩的破被子都缝好了。徐志摩这次来北大教的是英文诗歌和翻译，同时还兼女大教师。开课前，北大英文系的全体同学开了欢迎会。会上请志摩唱歌，他没唱歌，而是学杨小楼的声调，念了一大段白口："此马日行千里，夜走八百……"徐志摩声音优美，不疾不徐，非常悦耳，博得一片叫好声。

元宵节，徐志摩第一天上课。他早上七点起床，接连上了四节课。因为内容不熟，备课花了很多时间，晚上不能早睡，早上还要早起。江冬秀见了，连连叹息：志摩可怜！那晚京城异常热闹，绚丽的礼花映红了天空。徐志摩本打算带祖望他们去城南看焰火，因第二天要上课，只好作罢。

徐志摩讲了半个月后，领到了北大三百元月薪，但女大需要徐志摩上完一个月的课，才能发工资。陆小曼开销庞大，苦了徐志摩。

暑假期间，徐志摩在上海，北大评研究教授，徐志摩当选。研究教授也叫基金教授，薪金由庚款支付，在教授中薪金最高且能保证及时领到。评选上的当日，胡适在日记中说："志摩之与选，也颇勉强。便平心论之，文学一门中，志摩当然可与此选。"

暑假后徐志摩返校。11月上旬因上海家中有事，请假南下，11日乘飞机离京，19日徐志摩返京途中，在济南附近上空遇大雾，飞机误触泰山南面开山的高峰下，机毁遇难，时年36岁。在飞机残骸中，徐志摩遗体不倒，依旧坐着。

徐志摩此行是为了参加林徽因在北京大学的讲座，所以在出发前曾由中国航空公司往梁思成家发了一份电报，嘱咐他们这天下午三点去南苑机场接他。

下午汽车去接，等到四点半还没等到飞机。林徽因在电话里对胡适说，她怀疑飞机途中有变故。

第二天一大早，胡适见《北平晨报》上刊登"济南十九日专电"，题目是《京平北上机肇祸，昨在南京坠落》。

胡适看后眼前一发黑，跌坐在椅子上。后又抱着一丝侥幸的希望去中国航空公司核实遇难者姓名，对方经查证告诉胡适："是徐志摩。"

胡适彻底绝望了。

当晚胡适在日记中写道："朋友之中，如志摩天才之高，性情之厚，真无第二人！他没有一个仇敌；无论是谁都不能抗拒他的吸力。"

故人已去，胡适开始整理与徐志摩来往的信件，看到半年前写给志摩的一封信，这是一封没有写完的信，本来准备再写下去，中间因事打断了，现在，志摩已逝，再也不用写了。旁边的小猫"狮子"静静地看着胡适，仿佛也在为失去这个朋友伤感，胡适对江冬秀说："'狮子'想志摩了。"徐志摩住胡适家时，最喜欢这只猫。夜里，胡适作了一首诗《狮子（悼志摩）》作为对逝去的志摩的纪念：

狮子蜷伏在我的背后，
软绵绵的他总不肯走。
我正要推他下去。
忽然想起了死去的朋友。
一只手拍着打呼的猫，
两滴眼泪湿了衣袖：
"狮子，你好好的睡罢，——
你也失掉了一个好朋友。"

胡适在悼词中满怀深情地写道："我们不相信志摩会'悄悄的走了'。他在我们这些朋友之中，真是一片最可爱的云彩，永远是温暖的颜色，永远是美的花样，永远是可爱。"

胡适除了为徐志摩办理身后事外，还想法解决陆小曼的生活问题，亲自拟定了一个由北大支付的办法：从1932年1月起，陆小曼月费250元，托浙江兴业银行，陆小曼每凭折取用。这也算是对朋友的最好交代了。

徐志摩坠机的那天中午，悬挂在家中客堂的一只镶有徐志摩照片的镜框突然掉了下来，相架跌坏，玻璃碎片散落在徐志摩的照片上。陆小曼预感这是不祥之兆，嘴上不说，心却跳得厉害。谁知第二天一早，南京航空公司的保君健跑到徐家，真的给陆小曼带来了噩耗。她一下昏厥了。醒过来后，她号啕大哭，直到眼泪哭干。

陆小曼在徐志摩死后，终身素服，绝迹于娱乐场所。为了纪念对徐志摩的爱，她还长年累月，每天买来鲜花供奉在徐志摩的遗像前。大约在徐志摩去世两年后的清明节，小曼去了一次浙江海宁硖石，为安息在故乡的徐志摩扫墓。想到人天永隔，再也无从捡拾前欢，一腔孤苦无告之情演化成一首痛彻心扉的小诗：

肠断人琴感未消，此心久已寄云桥。
年来更识荒寒味，写到湖山总寂寥。

然而，她离不开翁瑞午，翁瑞午也始终厮守在她的身边，不惜变卖全部的古董字画来满足她日常的生活和治病所需。胡适认为翁瑞午是个"自负风雅的俗子"，为了"西天的云彩"的情谊，胡适要求陆小曼同翁瑞午断交。并说如果陆小曼能够同意，小曼的生活及其一切都由他负责，陆小曼拒绝了胡适的要求。

而徐志摩另一个曾经深爱过的女人林徽因，在徐志摩遇难之后，和丈夫梁思成用碧绿的铁树叶亲手编制了花圈。梁思成还从徐志摩遇难的飞机残骸上拾来一块木板，林徽因将它常年挂在她的居室，直到她生命的最后一天。徐志摩的两本英文日记,她也一直保存着,其最后的下落却是一个谜。

我的朋友胡适之

"我的朋友胡适之。"

在 20 世纪二三十年代,这句话几乎成了社会名流的一种身份的标签。无论在什么场合,只要有人能够说出这样的话,就一定会引来关注甚或钦羡的目光。据说,当时一度"造假成风",一些人根本没有见过胡适,居然打着他的招牌到处招摇撞骗,不少还真的颇有斩获。

鲁迅在 1933 年写的《文摊秘诀十条》中说:"须多谈胡适之之流,但上面应加我的朋友四字。"这个讽刺可谓十分辛辣。可是这句话是谁首先说出来的,就连有着"考据癖"的胡适本人也不甚清楚。

有一次唐德刚问胡适:"'我的朋友胡适之'这句话是谁先叫出来的?"

胡适笑嘻嘻地回答道:"实在不知道,实在不知道!"

唐德刚接着问:"有人说是傅斯年,但是又有人说另有其人,究竟是谁呢?"

"考据不出来!考据不出来!"胡适还是这样回答,他笑得非常得意,贼兮兮的。

傅斯年跟顾颉刚是胡适的得意门生,傅斯年比胡适小 5 岁,山东人。他们俩都是国学的集大成者,一点都不比胡适差,所以胡适也得到过他们的许多帮助,大家谈论学问,相得益彰,在当时的学坛上形成了一个所谓的疑古学派。在这方面胡适提倡,顾颉刚十分努力,并作出了许多成绩。可是后来胡适思想转变了,到 1929 年告诉顾颉刚:"现在我思想变了,我不疑古了,要信古了。"顾颉刚听完这话,吓出了一身冷汗,想不出他的思想为什么会突然改变的原因。后因学术上的分歧,胡适和顾颉刚之间的关系日渐疏远,但仍保持师生关系。

之后，胡适和傅斯年较为接近。傅斯年本来也是顾颉刚的好友，后也因学术问题两人渐渐离心。傅斯年办事能力非常强，但有些独断专行，这也是他跟顾颉刚不合的原因之一。胡适重返北大的时候，他任"中央研究院"历史语言研究所所长，在北大兼课，为胡适的得力助手，过从甚密。

傅斯年个性刚强，直爽，所以有着"老虎"、"大炮"的绰号，据说因为他常得罪人，还被人骂为"活曹操"。但他对胡适却毕恭毕敬，一见面就称"先生"，而不敢直呼其名。胡适也视傅斯年为知己，亲切地唤他"孟真"。据说他俩在一起谈话时傅斯年总是毕恭毕敬"端坐"而言，但他与陶孟和谈话时，陶孟和虽然是老师辈，他却很随便，常常翘着二郎腿，也不称"先生"，而直呼"孟和"。从中可以看出他与胡适的关系以及胡适在他心目中的地位。

胡适还有个好朋友叫丁文江，提到这个丁文江，傅斯年对他一开始是恨之入骨的，他曾经说过："我若见了丁文江，一定要杀死他！"这是因为丁文江在1926年应北洋军阀孙传芳的邀请，出任淞沪商埠总督的事。当时傅斯年在国外留学，认为丁文江投靠北洋军阀可耻，所以感到格外气愤。同年胡适到巴黎，他大骂丁文江，对胡适曾经说过这个话。后来了解丁文江出任淞沪督办，实属无奈，也做了一些实际的事情，对他的看法也就渐渐变了。1931年丁文江来北大任教，4月的一天，傅斯年在家里请几个朋友吃饭，其中就有丁文江跟胡适。胡适引荐丁文江时说："你不记得在巴黎时你向我说过三遍，回国后第一件事便是杀丁文江，现在站在你面前的这个人，就是丁文江。"弄得傅斯年很尴尬。

事后，傅斯年责备胡适搞恶作剧，胡适笑嘻嘻地说："在君必高兴，他能将你这杀人犯变作朋友岂不自豪？"不久，果然他们成了互相敬爱的好朋友。自徐志摩死后，傅斯年和丁文江两人便是胡适最亲近的友人了。

1932年11月28日，胡适应邀到湖北省立高中演讲，同到的还有李四光。在湖北省教育厅长黄建中致欢迎词后，即请两位客人讲话。李四光推让说："我是湖北人，也算是主人，当然请客人先讲。"胡适不便推辞，就在台上侃侃而谈一阵，最后指着李四光说："我当着这位科学家讲科学，有点像在孔夫子门前卖四书一样,好了,现在就请孔夫子来给诸位讲科学吧!"一语即毕,引得满堂大笑。

当天下午7时,蒋介石的秘书黎琬邀请胡适到蒋宅吃饭,这是胡适第一次和蒋介石见面,虽然此前两人论战不休,但都是间接的,从未谋面。第二天,胡适再次在蒋介石寓所晚餐。同席者有顾孟余、陈布雷、陈立夫。当晚胡适给蒋介石送了一本《淮南王书》,目的是希望蒋介石推行"无为"政治,领袖应该抓大事,不必事无巨细都去抓。

12月2日,蒋介石又一次邀胡适共进晚餐。蒋介石在席上请他注意教育制度如何改革和学风问题如何整顿,胡适不客气地说:"教育制度并不坏,千万不要轻易改动了。教育之坏,与制度无关。十一年的学制,都是专家定的,都是很好的制度,可惜都不曾好好的试行。经费不足,政治波动,人才缺乏,办学者不安定,无计划之可能……此皆教育崩坏之真因,与制度无关。"

说完后胡适看蒋介石脸色,见他并未不悦,随后蒋介石还把自己写的《力行丛书》赠送胡适。胡适翻了翻后发现,书中对孙中山"知难行易"的解释采用了自己的一些观点。这说明蒋介石在某种程度上已经吸纳了胡适的思想。

1933年春,日本侵略者攻占热河,全国人民为之愤慨。3月13日,胡适去保定见了蒋介石,谈了两个钟头。胡适问:能抵抗否?蒋介石说:须有三个月的预备。

胡适又问:三个月之后能打吗?蒋介石说:近代式的战争是不可能的。只能在几处地方用精兵死守,不许一个人生存而退却。

这其实就是不抵抗。

1933年3月至5月,在华北长城一带,中国将士与日本侵略者进行了严酷的战斗。宋哲元部在喜峰口与敌军苦战;徐庭瑶等率领的中央军在南天门一带十余天的血战;傅作义所部第七军团第五十九军在怀柔一战,与两倍敌军交战,敌军虽有精锐武器,但在我军的顽强阻击之下,没有前进一步。后因国民党当局与日方媾和,签订了塘沽协定,部队不得已才撤退。

傅作义率部返绥后，将长城抗战牺牲的阵亡将士遗骸收殓安葬于城北大青山下，并下令建立烈士陵园，树立纪念碑，请胡适作了一篇白话体的碑文，碑文由钱玄同书写。碑文最后写道：

> 这里长眠的是二百零三个中国好男子！
> 他们把他们的生命献给了他们的祖国。
> 我们和我们的子孙来这里凭吊敬礼的，
> 要想想我们应该用什么报答他们的血！

后来，何应钦有命令，要将一切抗日的纪念物去掉，于是傅作义在碑上加了一层遮盖，上面另刻"精灵在兹"四个大字。可见当时国民政府之软弱无能。胡适为此又题了一首《大青山公墓碑》寄托心中的无限伤怀：

> 雾散云开自有时，
> 暂时埋没不需悲。
> 青山待我重来日，
> 大写青山第二碑。

长城天险已失，虎狼长驱直入，活着的，和死了的人都目睹着山河一步步沦丧。在为民族捐出血肉之躯的抗日忠良们面前，除了默哀，只剩下伤感和无助。奈何桥边，双双凄苦的眼神在游荡。他们曾经是一个个有血性的中国军人，他们曾经有一张张鲜活的面孔，一颗颗滚烫的赤子之心。

青山有幸埋忠骨。

第五章

始知相忆深

细细话从前

绮色佳是缔造传奇的地方,从来都是。

浪漫诗人、才子徐志摩将它译为"伊的家",或许是因为林徽因在此的缘故吧。译名虽不如他将佛罗伦萨译成"翡冷翠"来得有诗意,但也是极富浪漫气息。

夏日的绮色佳显得更加绰约多姿,湖泊、岛屿、峡谷、悬崖、岩石、酒庄、野营、原住民,这些美丽而神秘又使人心旷神怡的词汇吸引了大把大把的游客前往该地。韦莲司的心情,却没有外面的风景这般好,她今年已48岁,心绪如同夜间的湖光山色,多了几分凝重,却还是如此热烈。窗外,从山涧流出的泉水潺潺而下,在跌宕的岩石间形成了层层瀑布。流水如一张竖琴,如诗如梦,奏起了生生不息的旋律。韦莲司感觉身体里跳跃着青春的萌动,那么炽烈,又那么灼人。

她在等一个人,但她知道,永远也别想让这个男人成为自己的丈夫。她宁可孤寂地度过一生,也要捍卫自己的爱情理想。这个多情的女人,把自己的一生交付于等待和回忆。

1933年6月19日,胡适从上海乘船横渡太平洋,第三次赴美。7月4日,抵达加拿大温哥华后,先到火奴鲁鲁岛,在夏威夷大学演讲《人生哲学》,听众满厅，兴致盎然。然后应美国芝加哥大学之请，在"贺司克尔讲座"作《中国文化之趋势》系列学术演讲，共6次。接着又参讲了世界六大宗教（印度教、儒教、佛教、犹太教、伊斯兰教、基督教）讲座，他作了3次演讲，接着奔加拿大班福，出席五次太平洋国际学会年会，作即席演讲。

来回的奔波让胡适感到很疲倦，9月初，胡适终于来到了纽约西北边的克里夫顿泉火车站，而韦莲司早已在火车站等候，两人驱车来到绮色佳。

月圆中天，两颗心终于水乳交融，再也分不开了。韦莲司那件在胡适面前永远紧裹的衣服，此刻也褪了下来，只剩下两个人的心跳声，仿佛窗外瀑布的轰鸣，震慑着对方的心灵。

胡适是9月12日离开绮色佳的，两人在一起度过了十多天的时光。这次绮色佳之旅，是两人关系的一个转折点。在胡适走后的第二天，韦莲司给胡适写了这样一封信：

我没办法照顾我们的后代。同时，我在这个时候也没办法去谈大事——你所从事的大事。我整好了我们那个小得可怜的床，我坐在东边向阳的这个窗前……我想要告诉你的都是一些琐事。昨晚我要睡哪个床都觉得很难。我有意地从你的房间走到我的房间。最后，我总不能老靠着门柱子站着啊，我把你床上那条粗重的被子，拿到我的床上。装满了热水瓶就钻进了被子里。让人不解的是，最难堪的时间是早上近六点的时候。我想念你的身体，但我更想念到无可复加的地步的，是你整个人的存在——也就是我已经住进去你身心里的那一部分；在我身心里的你，饥渴地想要拥有那住在你身心里的我。

接着，她又写下一封文字像诗一般的残信：

远方的闪电、缥缈的雷声，这样的日子，洞见。
开始下雨了，我心中无家可归的鸟懒洋洋地飞旋着。

我兀自站着，手里握着你的白袍，凉凉、空空的；

我手指渴切地想要扶触你的肌肤，暖暖、亲亲的。

让我心中那强劲的爱之流，冲洗我用脑作分析后所遗留的苦涩。

就像一个平衡机，它的钢珠不停地转着

忙着压下那四处乱窜的火苗。

啊！让我们把机器关掉，静静地在阳光下躺着！

让我用我的唇触碰着你的唇的记忆

来抚平过去一些伤心话所带来的创伤。

佛说人生有七苦：生、老、病、死、怨憎悔、爱别离、求不得。谁都有心，然后便有了情，情到真处，自然浓。那些浓得化不开的牵绊，牵绊住了这个女人的心。胡适也不忍就这样和韦莲司分离，他到了纽约后，就马上写信给韦莲司，说他在离开美国之前，还要再回来一趟。

如此匆匆，只为了再见一面，韦莲司既喜又悲：

我喜欢你那套浅灰色的衣服。我特别喜欢你穿白色的。说不定在你西行以前，在你再来看我的时候，会特地为我穿上那套衣服！但是，我又最讨厌离别。说不定你会把我装在你最小的行李箱里，再打几个小洞让我呼吸？

9月24日一早，胡适就来到了绮色佳，两人在那里度过了此趟唯一的半个夜晚。新月挂在西边美化了周遭，天地之间仿佛只剩下两个人。都不记得是怎样度过这一刻的，也许乌云遮住了太阳，天地间的一切光怪陆离都被吞噬了。当晚十点多，胡适坐火车回纽约，第二天清晨，回到纽约旅馆的他，写了一封信给韦莲司：

星期天美好的回忆，将长留我心。昨晚我们在森林居所见到的景色是多么带有象征性的意味啊！那象征成长和圆满的新月，正在天际云端散发出耀人的清辉，美化了周遭。月光被乌云所遮，最后为大风暴所吞吃。风暴过去，而新月终将成为满月。

胡适可以在这场感情中潇洒地抽身，就像韦莲司所说，他有他的大事可做。他已被现实打磨掉了棱角，变得圆滑。云还是当年的云，只是变换了形态，而心，早已不是当初看云的心态。白云苍狗，岁月流逝。猛然回首，时间已经悄悄带走了，自己大半颗无拘无束的心。

可韦莲司却在这个泥沼中难以自拔，她的思绪化作一段急促而热烈的信笺，奔放而洋溢：

胡适！你现在已经全然了解我了，你是否更喜欢那个幻象中的女子呢？她也许很美妙，但她毕竟是我，那个胸部扁平而又不善于持家的我，那个头脑不清而又不得体的我，是这个我触摸到了你的身体和眼睛。我简直不能相信，你竟爱上了这么一个可怜的东西，然而，你的爱却裹住了我。

同一天，她又给胡适写信，第一句话就是火辣辣的——

胡适，我爱你！
我是个很卑微的人，（但是）你应该爱我——有时，你的爱就像阳光中的空气团围绕着我的思想（见不到踪影，但我必须相信它的存在）……要是我们真能完全生活一起，我们会像两条溪流，奔赴同一山谷……这次新的交会，也非不可能放出光芒来！当我看到你的嘴角，你那半闭的眼神，我是个温柔的女人……

胡适此行只不过是两个星期左右的时间，然而，韦莲司对她的爱已如奔放的洪流，闸门一开，便无法收拾。胡适也不愿说别离，他也懂得这份爱的价值，下一次月圆之时，恐怕不能见伊人的面了，回望过去，风光无限，他因此写了一首《水调歌头》：

执手真难放，一别又经年！归来三万里外，相见大江边；更与同车北去，行遍两千里路，细细话从前。此乐大难得，高兴遂忘眠。

家国事，《罗马史》，不须言。眼中人物，算来值得几文钱。应念赫贞江上，有个同心朋友，相望尚依然。夜半罢清话，圆月正中天。

胡适的悲剧在于，在爱情面前，不敢坚定地选择自己所爱的人。在胡适的人生中，更重要的不是爱情，而是事业，是自己国学大师的形象。所以，当爱情受阻时，他是很难有不顾一切的牺牲精神的，胡适此时所想的，不是像浪漫诗人一样为爱情而牺牲，而是如何大事化小，小事化了，不要传出去让别人笑话。

复杂与矛盾一遍遍冲击着韦莲司的心，她相信自己与胡适的爱是神圣的，是两个独立自主的个体对爱、对心灵交汇的追求。她一直执着于这份火热的心，一直不肯服软。现在突然发现，这样执着得分时候，不然最后受伤的还是自己。只有当初的追逐还留在心中，留在自己未来的路上。韦莲司在信上附上了她写的诗句：

喉管已被切断，
唱你的调子是不自然的，
我寄上僵硬的沉默——
在虚空中，无声的喘息。

每次去倾听内心世界的话语，每次都是那么弱小，弱小到自己都听不见。当韦莲司慢慢剥开自己的回忆时，发现已经变老了。也许世界没变，变的只是自己的容颜。带走的只是回忆中的画面，留下的是夜夜的痛心。多少美丽的梦总会有醒的时候，就算泪干红残，也留不住梦中片刻的美好。韦莲司背负得太多，太痛苦，这些美好或者不美好的回忆总会成为负担。

彼时花开，此刻别离。一别，又不知何日能再相见。淡淡的别离，轻轻的离开。他走了，只剩下她对影自怜的落寞舞蹈。胡适，永远是她的镜花水月。

烟雨漓江，梦幻桂林

到桂林时已是深夜，夜色格外空明，却多了几分寂寥。掩卷坐在窗前，看着窗外的天变得比往日更高了，好在星星还算清亮。我找了许久，才找到牵牛织女星，两星相映成趣，中间却隔着一弯浅浅的银河，欲渡不得。于是便有了鹊桥相会，执手相叙，倾诉一年四季相思的甘苦。

对远在绮色佳的韦莲司来说，牛郎织女诚然是幸福的，至少他们一年有一次可以静静地偎依着，感受彼此的心跳和体味的馨香。而自己，纵多少柔情，多少思忆，也只能在茫茫的遥望中期待着，在如此深情的夜里，爱意燃烧得更浓。中美之间的太平洋，远比银河要宽得多，深得多，也无情得多。

也该是这样一个清冷的夜吧？胡适慧剑斩情丝，乘坐邮轮离开西雅图返回中国。面对韦莲司的款款深情，他的回应唯有无限的沉默。他写了一封大煞风景的信："我当然是常常想到你，我还是认为我到绮色佳之行，带给你的是扰乱多余安宁。我殷切地希望你能够慢慢地恢复平静。"

这一刻，我仿佛看见韦莲司的魂梦如风筝，飞跃千山万水，在胡适下榻过的旅馆上空飞舞。胡适，你若能感觉到她的心跳，今夜也会无眠吧？

第二天吃完早饭乘车前往码头，坐船游览漓江，漓江素以"山清、水秀、洞奇"闻名中外，典型的喀斯特地貌造就了它独特的自然景观。"百里漓江、百里画廊"，沿江飘流，风光旖旎，碧水萦回，奇峰倒影，每一处景致都是一幅风光秀美的中国山水画。韩愈曾以"江作青罗带,山如碧玉簪"来赞美漓江,倒也不虚。

在这个春雨迷蒙的早晨,江面上浮动着一层轻纱般的白蒙蒙的雨丝,这时的山水就更具有一种朦胧之美。沿江漂流,不多时到了九马画山,此山是漓江中的名山,峭壁面江而立,由于常年风雨剥蚀,岩石轮廓明显的出现许多层次,这些轮廓线条层次的明暗及色彩的变化,据说会形成种种骏马的形态,惟妙惟肖,可惜今日雾气太浓,瞧不清楚。

有一个传说,可能很多人都不知晓。传说远古时期桂林是一片汪洋,渺无人烟。秦始皇统一中国后,欲进一步拓展疆界、扩大耕地,便挥动神鞭不分昼夜地将群山赶往南海。一日,秦始皇正将一座座大山赶至桂林时,见一如花似玉女子,不觉色心大起,欲纳为妃子。姑娘撒娇索要神鞭,始皇不以为然,把神鞭交给姑娘。姑娘得鞭后即跃入水中不知去向,秦始皇知道受骗便败兴而回。原来这美貌姑娘是海龙王的三公主,为制止秦始皇的驱山行为而暗施小计。她又向观音借来净瓶用仙水洗涤群山,所以才有了如今空明澄碧的桂林山水。其中,有七座山峰如同天上北斗七星般璀璨,一百年、一千年、一万年直至今日依然光芒四射,形成了堪称天下一绝的七星景区。

胡适喜欢广西,他说:"广西给我第一个印象是全省没有迷信的、恋古的反动空气,广州城里所见的读经、祀礼、祀关岳、修寺、造塔等等中世空气在广西境内全没有了。"胡适到广西后受到了当地政要与教育界的热烈欢迎。白崇禧甚至开玩笑说:他可以实行古直先生们的"真电",封锁截断,把胡适扣留在广西。于是胡适恭敬不如从命地畅游了桂林山水,在由桂林乘飞机返回广州时,他在机上作了一首游诗:

看尽柳州山,看遍桂林山水。
天上不须半日,地上五千里。
古人辛苦学神仙,要守百千戒。

> 看我不修不炼，也凌云无碍。

胡适的老乡兼同门陶知行读了此诗却不以为然，认为耗尽民脂民膏所造的飞机只供达官显贵使用，而真正的创造者只能在下面眼睁睁地看着自己的劳动结晶上天，于是作了一首打油诗相和：

> 流尽工人汗，流尽工人血。
> 天上不须半日，地上千万滴。
> 辛苦造飞机，不能上天嬉。
> 让你看山看水，这事大希奇。

此诗在上海某报刊登出，标题为《两个安徽佬》，颇被当做诗林逸趣的雅事。胡适在晚年还回忆起此诗，并念念不忘挖苦陶知行一把，说他"一点幽默感也没有"。

胡适从美国回国，第一站却不是广西，而是上海。1935年元旦，胡适从上海乘坐"哈里逊总统号"轮船南下，1月4日凌晨到达香港，应邀接受香港大学颁赠给他的法国博士名誉学位。这也是他一生所得35个名誉博士头衔中的第一个。

1月6日，胡适在香港华侨教育会向两百多名华文学校的教员作了近半小时的题目为《新文化运动与教育问题》的演说："希望香港的教育家接受新文化，用和平手段转移守旧势力，使香港成为南方的一个新文化中心。"在演说的最后，胡适还忍不住批评了广东当局反对白话文，提倡中小学读经的政策："现在广东很多人反对用语体文，主张用古文，不但古文，而且还提倡读经书。我真不懂。因为广州是革命策源地，为什么别的地方已经风起云涌了，而革命策源地的广东尚且守旧如此。我觉得一个地方的文化传到它的殖民地或边境，本地方已经变了，而边境或殖民地仍是保留着老祖宗的遗物，广东自古是中国的殖民地，中原的文化许多都变了，而在广东尚留着。"

没想到这一番说辞，竟使胡适成了广州最不受欢迎的人。胡适的这篇演讲在报纸上刊登出来后，舆论反应强烈，广东当局对这段话更是恼火，于是对胡适表示极大的不满，已有逐客之意。李宗仁晚年回忆此事时取笑说："胡适在广州吃瘪。"

胡适却不知情，他在香港玩尽兴后乘船去了广州，没想到前来迎接的人寥寥无几，只有中山大学文学院张吴康及教授朱谦之与地方法院陈达材等几位老朋友，场面十分冷落，更奇怪的是胡适到后不久就收到一位朋友的来信，上面写着："兄此次到粤，诸须谨慎。"到了旅馆安顿下来之后，吴康也派人送来一封书信："适晤邹海滨先生云，此间党部对先生在港言论不满，拟劝先生今日快车离省，暂勿演讲，以免发生纠纷。"

胡适这才知道自己惹祸了，但他毫不在意，依旧兴致高昂地游山玩水，并请陈达材带他去见粤军总司令陈济棠。当天两人在省府见面，一见面陈济棠便很不礼貌地对他说："读经是我主张的，祀孔是我主张的，拜关、岳也是我主张的。我有我的理由。生产建设可以尽量用外国机器，外国科学，甚至于不妨用外国工程师。'做人'必须有'本'，这个'本'必须到本国古文化里去寻找。"

胡适静静地听他说完，发表了自己的看法："伯南先生的主张和我的主张只有一点不同。我们都要那个'本'，所不同的是：伯南先生要的是'二本'，我要的是'一本'。生产建设要科学，做人须要读经祀礼，这是'二本'之学。我个人的看法是：生产要用科学知识，做人也要用科学知识，这是'一本'之学。"

秀才遇到兵，有理说不清，陈济棠辩之不过，就开始把中国教育乱骂一通，说什么"现在中国人学的科学都是毛皮、都没有'本'，都是亡国教育"，等等。两人交谈了一个半小时，最终不欢而散。

之后，胡适游遍了黄花岗、观音山、鱼珠炮台、石碑的中山大学新校舍、禅宗六祖的六榕寺、六百年前的五层楼的镇海楼、中山纪念馆、中山纪念大礼堂等地方。在广雅书院旧址游玩时，胡适的身边始终被七八百个第一中学的学生包围着，这些少年人的举动让胡适很受感动。

胡适刚一离开广东，就遭到中山大学中文系教授的炮轰，说他是"乱臣贼子"，"出言侮辱宗国，侮辱广东三千万人"。充分表达出旧式文人对新文化运动的刻骨仇恨。

胡适面对这种责骂，淡然地一笑置之，他说："我受了十余年的骂，从来不怨恨骂我的人。有时他们骂的不中肯，我反替他们着急。有时他们骂的太过火了，反损骂者自己的人格，我更替他们不安。如果骂我而使骂者有益，便是我间接于他有恩了，我自然很情愿挨骂。如果有人说，吃胡适一块肉可以延寿一年半年，我也一定情愿自己割下来送给他，并且祝福他。"

在桂林普陀山腹，便是天下闻名的七星岩，岩洞长约千余米。大约在我国的隋朝就有人光顾这里了，古称栖霞洞。

七星岩有六大洞天，就在第三洞天处，是歌仙刘三姐的唱歌台。凝神静气聆听，隐约真有刘三姐美妙的歌声在缠绕。就在歌台的不远处，有一座高耸的花果山，那唐僧正在那里凉晒袈裟，水帘洞旁，群猴起舞，肥头大耳的猪八戒也在从岩间探出了半个脑袋，这里竟把那《西游记》中的师徒汇聚在了那花果山上。

胡适不在意别人对他的冷嘲热讽，却对《西游记》情有独钟，他对鲁迅说："《西游记》的第八十一难即书中第九十九回，未免太单薄了，不能把这样一部大书托住，需要加以改写。"后来，他真改写了《西游记》原书的第九十九回和第一百回，杜撰出《〈西游记〉的第八十一难》。他自称这篇寓言是部"伪书"，同时又是一部"玩世的试作"，他在这一章节中这样写道：

唐僧取了经回到通天河边，梦见黄风大王等妖魔向他索命，唐僧醒来，叫三个徒弟驾云把经卷送回唐土去讫，他自己却念动真言，把当日想吃唐僧一块肉延寿三千年的一切冤魂都召请来，他自己动手，把身上的肉割下来布施给他们吃，一切冤魂吃了唐僧的肉，都得超生极乐世界，唐僧的肉布施完了，他也成了正果。于是"世界大放光明","东方漫天红霞"。

在文章的结尾,胡适还附上了一首小诗,其中一节云:

吃得唐僧一块肉,五万九千齐上天。
如梦如电如泡影,一切皆作如是观。

一个怪人

丁文江是一个怪人。

他天生异禀,个子矮矮的,敦实的躯体,眼睛显得敏捷而果断。他有一把虬起的德国威廉皇帝式的胡子,使小孩子和女人见了害怕。他对于不喜欢的人,总是斜着头,从眼镜的上边看他,眼睛露出白珠多,黑珠少!胡适对他说:"史书说阮籍能作青白眼,我从来没有懂得,自从认识了你,我才明白了'白眼待人'是个什么样子。"丁文江听了大笑。

不但长相奇特,丁文江的行为也很怪异。他工作勤奋认真,在他的办公室桌上,总放着他用毛笔抄写的胡适为他翻译的一段外国诗句:"明天就死又何妨!只拼命做工,就像你永远不会死一样!"但无论工作再忙,他睡眠必须保证8小时;他从不饮酒,但要用酒沈筷了,在饭馆用餐,必用开水涤器皿;他终身不吃海味;吃无外皮的水果,也要在凉水里浸上20秒。他最恨奢侈,但注重生活的舒适,每年夏天要带夫人到凉爽地避暑。他有机会坐头等车,绝不坐二等车,有安稳的地方睡觉,绝不住喧闹的旅馆。他认为这是积蓄精力,以便更好地工作。他笃信西医,早年有脚痒病,西医嘱赤足疗效最佳,他就终身穿多孔皮鞋,在家常赤脚,到熟人家也常脱袜子与友聊天,自称"赤脚大仙"。

他有 20 年烟龄，一日忽感觉脚趾发麻，便立马去医院瞧病，医生嘱咐他戒烟，他立马戒绝。他不屑中医。太太有病，胡适觅到一方中药膏，他碍于情面收下了，带回家却不让夫人用。老友钱伯庄为此同他"抬杠"，说假如你到僻壤考究地质，忽然病了，当地无西医西药，怎么办？丁文江断然回答："不，不！科学家不得自毁其信仰节操，宁死不吃中药，不看中医。"这话不虚。某年他偕友到贵州旅行，同行者病倒，那儿没有西医，他打电话到贵阳去请。同行者都病死了，人们劝他先服中药，他终不肯破戒……

就是这样一个怪人，他从小背诵"四书""五经"出身，又留洋啃了多年的洋面包，他的知识结构中西掺杂、新旧并存。

丁文江在国外留学 9 年，回国不直接回离家近的上海，而是在越南海防登岸，乘滇越铁路火车入云南，开始了在祖国大西南的徒步旅行。这次旅行历时 2 月多，行程约万里，他饱览了祖国壮丽河山，熟悉了各地风土人情，为他以后几次西南地质考察打下了基础。

他一生崇拜徐霞客，并引以为楷模。

为了获取一手资料，他身先士卒，专挑荒无人迹的路走，没路处他"手足并用"。

后来，他曾出任北票煤矿公司总经理，但是十年官做下来，他竟连衣食都成了问题。

文人都喜欢竹子，可丁文江却骂它："竹是伪君子，外坚中却空。"

然而 1926 年，他却投到了孙传芳帐下，就任淞沪商埠督办公署的总办。平心而论，丁文江不是一个有政治野心的政客，他只是一个颇为能干的官僚。的确，在他那一群知识分子之中，丁文江的行政才能是出类拔萃的，无论是创办地质研究所、管理北票煤矿，还是执掌淞沪的行政，或者后来当学官，当"中央研究院"总干事，他都能将行政事务管理得井井有序，而且成绩斐然，众所公认。然而，这个英国归来的工科留学生，却不具备一个政治家最起码的政治识见。丁文江聪明一世，也糊涂终生，他无法区分政治与行政的不同，始终将政治的问题看作是一个行政的问题。政治属于价值理性的范畴，行政属于工具理性的范畴，丁文江，更像一个工具理性的操作者，他关心的只是操作，是如何在既定的目标下实现最高的效率，至于目标的价值合理与否，并非他的关切所在。胡适还有自己执着的自由主义政治信念，而丁文江的政治理念一再在民主与独裁之间摇摆不定，恐怕与那种实用主义的行政思维不无关系。他有感于中国近代军事教育的极端落后，一些军官连军事地图都看不懂，曾诚心向孙传芳建议，由他来替孙传芳创办一所现代化的军事学校。

丁文江曾经多次以"治世之能臣"自喻，可惜的是他投错了胎。傅斯年说他徒有处置行政的天才，却没有"拨乱反正"的能力，可谓一语中的。丁文江后来自己就悲哀地承认："我们这班人恐怕只是'治世之能臣、乱世之饭桶'罢！"在孙传芳部下的经历，成为丁文江一生的污点，使他的名声大损。不过，这场政治的失足，似乎并没有给丁文江带来什么精神上的反思。他还是他，仍然像过去一样对政治怀有一厢情愿的热情。

1932年，丁文江、胡适在一批朋友的怂恿下，又创办了《独立评论》。在三年之中，丁文江给杂志写了64篇文章，自称是《独立评论》最出力的投稿人。他既谈中国的工业化问题，也研究日本的内政、外交。但最引人注目的，要算在民主与独裁的论战中，积极鼓吹"新式的独裁"了。

丁文江戏称梁启超为"小孩子"，并劝梁启超专心学术研究，每遇政客、朋友邀梁启超出山时，丁文江第一个跳出来反对。梁启超逝世，他送的祭幛上写了："生我者父母，知我者鲍子。"把两人的友谊比作历史上的管仲与鲍叔牙那样相知。

在次日上海召开的追悼会上，丁文江送的挽联，上联第一句是："思想随时代而变"，下联第一句："文章得风气之先"。这是对梁启超学术上的推崇。

丁文江不喝酒，某次见胡适醉了，真心相劝，还从《尝试集》中挑出几句戒酒的诗，请梁启超书在扇子上送胡适。

胡适患病岁月，经济不裕，居住条件不好，丁文江逼他搬家，还为他主动找了另一所房子。胡适说："我的夫人每月嫌80元的房租太贵，那时我不在北京，在君和房东说妥，每月向我夫人收 70 元，他自己代我垫付 10 元！这种热心爱管闲事的朋友是世间很少见的。"

1935 年 12 月 8 日，丁文江应铁道部长顾孟余之请，到湖南探查粤汉铁路沿线煤矿，当晚住衡阳粤汉路局株韶段宾馆，洗澡后，他服安眠药睡下。第二天，别人呼叫不醒，破门而入后，发现丁文江已陷入昏迷。衡阳医生给丁文江做了六小时的人工呼吸，拔掉丁文江两颗门牙。12 月 24 日，胡适接到傅斯年的求救电报，胡适请协和医院王锡炽院长帮忙，派外科医生葛令前往长沙，协助抢救丁文江。

12 月 28 日，医生给丁文江开刀，发现丁文江左胸第五根肋骨骨折，取出脓液 150 毫升，脓液中有肺炎双球菌。骨折是 20 天前做人工呼吸时，医生不小心导致的。

1936 年 1 月 5 日晚上，胡适在王子文家，得电报云："在君昨晚转危，于今日下午五时四十分逝世。农，曼。""农，曼"便是朱经农、韦曼夫妇。

听到丁文江的死讯后胡适悲痛欲绝，他在日记中写道："在君是最爱我的一个朋友，他待我真热心！我前年的盲肠炎，他救护最力。他在病中还谈到我的身体不强，财政太穷！他此次之病，我毫不能为他出力，真有愧死友。在君之死，是学术界一大损失，无法弥补的一大损失！"

在南京丁文江的追悼会上，蒋介石首先鞠躬致哀，然后，胡适等人先后致悼词。胡适致悼词时，引用了丁文江曾自嘲过的话："我们是治世之能臣，乱世之饭桶。"

正月初三，朱经农来到上海沧州饭店看胡适，送来一篇丁文江在湘情形的文字。看了丁文江在衡山游记中写的诗，胡适不禁眼圈发红，其中《麻姑桥晚眺》诗云：

红黄树草争秋色，碧绿琉璃昭晚晴。

为语麻姑桥下水，出山要比在山清。

这位执着的、充满爱国主义精神的科学家最终与峨峨岳麓山、汤汤湘江水相伴，长眠在楚山楚水间。我打听到了他的墓地所在，前去寻找。

先到了鸟语林，打听许久才知道了确切位置，从鸟语林大门的西边的石阶往下走不太远，就看见了一个规模不小的墓葬。花岗石的整体建筑，气势恢弘，雕刻也精美。可是破坏非常严重，墓地周围的花岗石的栏柱被掰下扔在山坡的下边。墓前的香炉敲掉了一个角，牌坊顶上的四个花岗石的圆球也被毁掉一个，环护柱子的四个石鼓有一个被毁坏。

墓冢的前面有一块方碑，上面铭刻着"丁文江先生之墓"七个大字。墓冢前方的麻石牌坊还可以看到新旧连接的痕迹。

返回的时候暮色四合，夜色中林子静得出奇。我不敢回首看这一代伟人的宿地，人世如飘蓬，风吹浪打。多少繁华流过，百年后仅剩一片苍凉。

想着想着，旁边有人吟起了一首诗：

男儿壮志出乡关，学业不成誓不还；
埋骨何须桑梓地，人间到处有青山。

这首诗，也许正是他的人生写照吧。1956 年，胡适写了《丁文江传记》一书在台湾公开发行。

无心肝的月亮

张小娴说：在对的时间，遇见对的人，是一种幸福；在对的时间，遇见错的人，是一种悲伤；在错的时间，遇见对的人，是一声叹息；在错的时间，遇见错的人，是一种无奈。

人与人之间的相识与相交，乃至于爱情，都可以说是一种缘分。有时精心维护还是各奔东西；有时心灰意冷却会有莫名其妙的突然惊喜；该是自己的，始终都会凝聚在一起，不是自己的，终究会离去。

不为别的，只因为人物场合都对了，单单时间不对。

江冬秀一次在整理胡适信件的时候，发现一个陌生女子写给"美先生"的信，她忍不住写信问胡适："我算算有一个半月没有写信给你了。我有一件很不高兴的事。我这两个月来，拿不起笔来，不过你是知道我的脾气，放不下话的。我这次理信件，里面有几封信，上面写的人名是美先生，此人是哪位妖怪？"

胡适接到信后不紧不慢地回信说："谢谢你劝我的话。我可以对你说，那位徐小姐，我两年多只写过一封规劝她的信。你可以放心，我自问不做十分对不住你的事。"

这位徐小姐是何许人也？她同这位"美先生"之间到底发生过什么？

原来徐小姐叫做徐芳，1912年出生在北平，1931年考入北大文学院攻读中文，与布衣学者张中行、历史学家杨向奎都是同学。徐芳聪颖好学，成绩优秀，深得顾颉刚、傅斯年、胡适等教授的器重与赏识。或许是出于对文学的兴趣与爱好，徐芳对胡适更是敬慕有加。她喜欢诗歌，更钟情于白话诗创作，而这正是胡适所倡导和努力实践的，因之他对这个女弟子也很欣赏。当年，徐芳很勤奋，在北平的文学刊物和天津《大公报》副刊上，经常可以看到她的诗歌作品，一时间成为闪烁诗坛的耀眼新星。

1935年徐芳北大毕业前，撰写的毕业论文是专门研究现代新诗的。事先，她拿着自己的论文提纲，找到胡适征求意见。胡适对她的选题颇为赞赏，除了提出部分修订意见之外，还主动担任了她的指导教师。这篇长篇论文从1917年胡适倡导白话诗起笔，一直写到1935年的新诗创作现状，涉及30多位诗人的作品评价，特别是对胡适的评价更为客观和中肯。她指出：胡适的白话诗"很像一个缠过脚后来放大的妇人"，"未能尽脱文言窠臼"，不过，"头一个放脚人的功劳，对于后来是深而且大的"。这种评价客观而公允，准确地把握了新诗发展的脉络。胡适对这种评价也很满意。

1936年1月，胡适料理完好友丁文江的丧事后离开南京，转赴上海。而那时，徐芳也刚好在上海。于是在这段时间，两人在上海有一段罗曼蒂克的经历；借用徐芳本人的话说，就是她跟胡适"同在上海找到了快乐"。当时，在徐芳心中，爱就像玫瑰花一样甜美，像冬雪一样洁白，像紫罗兰一样温柔，像天空一样神圣，像太阳一样伟大。她希望将自己的这份爱种植到胡适的内心深处，慢慢开出艳丽的花朵。不久后，两人在沧州饭店见了面，徐芳带来了自己写的几首诗作，其中有一首《途中》，胡适称赞不已：

我倦游归来的路程，
正是他刚走过的旅道。
在寂寞的途中，
他曾为我烦恼。

如今我坐在车里，
又怎么把他忘掉？
呵！什么时候呵！
我们能同车逍遥？

第二天，胡适应和了一首诗，诗中说：

寻遍了车中，
只不见他踪迹。
尽日清谈高会，
总空虚孤寂。
明知他是不曾来，——
不曾来最好。

> 我也清闲自在，
>
> 免得为他烦恼。

46岁的胡适，声名遍及海内外，受众多朋友的期许爱重，家有发妻和两个儿子，面对徐芳热烈的追求，他恐怕只能摇头叹息。

缘，是千世的回眸换回来的。一千年的沉淀中，才会慢慢清晰一个人的模样，在一次次的回眸中被铭刻在心，在忘川河对面一遍遍的踏过奈何桥头，独等轮回。胡适和徐芳都在桥头出现过，却错过了最美好的时间。

1月30日，胡适和徐芳一同回到北平，为了让徐芳学习诗歌创作，胡适让她主编北大文学院歌谣研究会的诗歌刊物《歌谣周刊》。徐芳对胡适的感情也在这段日子里，急骤升温。3月17日，徐芳又为胡适写了一首诗《无题》：

> 她要一首美丽的情歌，
>
> 那歌是
>
> 从他心里写出，
>
> 可以给他永久吟哦。
>
> 他不给
>
> 她感到无限寂寞。
>
> 她说：
>
> 明儿我唱一首给你，
>
> 你和也不和？

徐芳希望胡适能为她唱一首永久的情歌，但这种炙热的感情是已有家室的胡适难以承受的。经过感情的颠沛，岁月的洗礼，胡适已如同一颗远离尘世的水晶，眼看着前尘往事如云烟般流走，心中却不敢再起波澜。也许擦肩而过，才是最好的结局吧？胡适在《扔了》中这样相和：

> 烦恼竟难逃，——
> 还是爱他不爱？
> 两鬓疏疏白发，
> 担不了相思新债。
> 低声下气去求他，
> 求他扔了我。
> 他说：
> 我唱我的歌，
> 管你和也不和？

胡适是彻底的写实主义者，他的诗是他心迹的真实表露。他很为他背不起的"相思新债"而烦恼。在爱与不爱之间，胡适进行了两难的选择，稀疏的白发已经爬上了他的鬓角，他的感情不能不屈服于理智，所以他主动放弃这段不可能有结果的恋情。而对方却不这样想，对徐芳来说，爱情就是全部，即使再短暂，也如同烟花般绚烂多彩。

在 1963 年 4 月 25 日顾颉刚的日记中说："到朱光潜家，为'诵诗会'讲吴歌。与会者有朱光潜、周作人、朱自清、沈从文、林徽因、李素英、徐芳、卞之琳等。"而徐芳在参加完文艺聚会后的次日就到天津去探望兄妹，直到二十八日才回北京。在此期间徐芳还为胡适寄来一首题为《明月》的诗，诗云：

> 脉脉的银辉，
> 送来无限温慰，
> 我想到他的笑脸，
> 和月色一样妩媚。
> 他是一轮明月，

遥远的送来一点欢悦。

　　我要他走下人寰，

　　他却说人间太烦。

徐芳把胡适比作明月，实很确切。在感情世界，胡适的确像夜空里的明月，柔媚而冷峻，可爱而不可及。很少有人在炽烈的恋情的拥抱中，还能保持那样的理性。胡适于5月19日在北京西山写下一首《无心肝的月亮》恰是回答徐芳的诗。诗前，胡适先引明人小说中的诗句："我本将心托明月，谁知明月照沟渠！"他的诗全文如下：

　　无心肝的月亮照着沟渠，

　　也照着西山山顶。

　　他照着飘摇的杨柳条，

　　也照着瞌睡的"铺地锦"。

　　他不懂得你的喜欢，

　　他也听不见你的长叹。

　　孩子，他不能为你勾留，

　　虽然有时候他也吻着你的媚眼。

　　孩子，你要可怜他，——

　　可怜他跳不出他的轨道。

　　你也应该学学他，

　　看他无牵无挂的多么好。

该诗以前人诗句引题，再映衬自己的心怀，无疑是对徐芳不断的攻势的响应。因为在这之前的5月15日夜，徐芳又给了他一封信，并附上了一首《无题诗》，诗云：

和你一块听的音乐特别美，

和你一块喝的酒也容易醉。

你也许忘了那些歌舞，

那一杯酒，

但我至今还记得那晚夜色的妩媚！

今夜我独自来领略这琴调的悠扬，

每一个音符都惹得我去回想。

对着人们的酡颜，

我也作了微笑，

谁又理会得我心头是萦满了怅惘！

5月21日，徐芳给胡适写了一封信，在信中，徐芳称胡适为"美先生"，这个称呼恐怕是对胡适的尊称。在她心目中，胡适是长得美，文笔美，是她心目中的美男子。她说：

我从来没有对人用过情。我真珍惜我的情（为了这个，我也不知招了多少人的怨恨）。如今我对一个我最崇拜的人动了情，我把所有的爱都给他。即使他不理会，我也不信那是枉用了情。有时候，你要板着面孔对我说话。老实说，我是有点儿不爱听。可是我一点都不怪你，因为我懂得你对我的那份真心。好先生，我问你：为什么当你摇着头说不爱我的时候，我是更喜欢你，更爱你呢？别以为我不喜欢你的诗。我爱你的诗，甚于爱自己的诗。从你那笔下写出的句子，我都爱；何况是一首韵味极美的诗！

我爱你的诗，我爱你这人。

随信她还附上《相思豆》一诗，诗这么写着：

> 他送我一颗相思子，
>
> 我把它放在案头。
>
> 娘问："是谁给你的相思豆？"
>
> 我答是："枝上采下的樱桃红得真透。"

1936年6月8日，徐芳到胡适在北平米粮库胡同的家去拜访他。当天江冬秀不在，只有他们两个人。虽然只会面了十几分钟，但徐芳却感到，"这十几分钟过得太甜了"。过后没几天，胡适因为准备赴美国出席太平洋国际学会，在协和医院检查身体，住了四天。这四天里，徐芳日日处在思念的煎熬之中。她发现自己已渐渐沉沦，只能在思念的旋涡里沉迷轮回。"蜡烛有心还惜别，替人垂泪到天明"怕就是这种心境吧？7月4日晚，胡适电话告知徐芳，自己要去上海，并由那里赴美。徐芳特地从北京赶到上海为胡适送行，没想到恰逢胡适外出，错过了这一次难得的相见机会。

徐芳请工作人员打开了胡适的卧室让她进去，当她看到胡适的行装时，禁不住潸然泪下，越擦，越流泪，越觉得自己可怜。胡适乘坐的邮轮是14日起航的，随邮轮离去的，还有徐芳的痴与爱。她流着泪写了一首情诗为胡适送行。诗名《我放我的爱在海里——送美先生去美国》：

> 我放我的爱在海里，
>
> 海是那么深，
>
> 海是那么绿，
>
> 真的情不在海底，
>
> 它浮在明朗的水上，
>
> 静静地等着你的步履。
>
> 我放我的爱在海里，

爱是那么挚,

爱是那么真,

它永愿和你相亲,

你的船走了,它跟,

你的船停了,它停。

我放我的爱在海边,

我吩咐鱼龙,

我吩咐水仙,

不许它们伤害我的恋。

我是轻轻地把它放下,

你也许会轻轻地将它拾捡?

月色茫茫,离别漫漫,那曾经的相遇,那曾经的相惜,如此清晰又如此模糊的又浮现在眼前,感觉就如昨天,又感觉过了很久。她又提笔为胡适写了一封信,她的信热情而真挚,坦率而大胆,很直露地表白了她对胡适的恋情。信中称胡适是她"最爱的人",称自己是"你的孩子"。1936 年 8 月,徐芳寄给胡适一张自己的小照,在照片背面写道:"你看,她很远很远地跑来陪你,你喜欢她吗?"

可惜自己抛出的爱情鸿雁如同石沉大海一般,久久不见回音。在每一个无眠的夜里,徐芳独自在院子里散步,看着漫天的星辰,想着远方的意中人此刻也是不是正在"千里共婵娟"。然而,日历随着时间的摇曳,一页页翻过去了,却怎么也翻不过心痛的那 页,心痛的时候,她就会仰望苍穹,清风没有吹干记忆的痕迹,也没有稀薄那段回忆,思念只能更加肆无忌惮地蔓延。

终于,徐芳等到了邮差送来的信函。信中虽无炽烈的话语,却透着一股淡淡的关心。胡适在信中不免提到了几句让徐芳抑制感情的话,但这位多情的女子定然不会听。虽然时间可以冲淡一切,却怎么也不能淡掉这份回忆。爱过了,就不会忘,只会慢慢发酵,越来越醇香。胡适在信中还附了一首叫《车中望富士山》的诗：

> 雾鬟云裾绝代姿，
> 也能妖艳也能奇。
> 忽然全被云遮了，
> 待到云开是几时！

徐芳尤为喜欢这首诗，觉得其雅丽极了，她当晚就写信给胡适，在信中质问："待得云开是几时？这只有你知道。你说！"

在接下来不到两个月的时光里，徐芳连写了十几封信给胡适，而直到八月二十七日她才收到胡适的回信。徐芳当天写了回信，她说："你在百忙之中，还没有忘了写信给我，我快活极了。前些日子，我没有得到你的信儿，我真有点怪你了（我真舍不得怪你！）现在我得谢你！你是那么仁慈，你的句子真甜！我看了许多遍，都看迷了。"

1937年七七事变发生过后，徐芳就离开了北平，在上海住了一阵。后又乘船赴香港。当晚，夜深人静时，她一边听音乐，一边给胡适写信："你这人待我是太冷淡，冷得我不能忍受。我有时恨你、怨你；但末了还是爱你。反正还是那句话，我要永远爱你，我永远忘不了你。你在那边的生活如何？大约是很快乐吧？说不定又有了新的朋友。不然，怎么会不理我？我最美的先生，你要再跟别人好，我可饶不了你。等你回来了，咱们再算账！你也许不爱听这些话。可是我就这样儿，你不爱听也得听。你的芳就是这脾气。"

胡适收到此信，恐怕只能苦笑而已，缘聚缘散，缘，本来就淡如水，无论是诗般的情怀，还是如梦的情结，都将随昨日黄花随风飘散。多少年后，一切的一切，都会化成回忆，这些回忆也会同过眼云烟般从心头慢慢消散。曲终人散，可能是对缘分最好的诠释吧？

此信寄出之后，胡适依旧没有回信，足足有三年，徐芳没有再给胡适写信。

一直到了1941年4月24日，徐芳才又给胡适写信，可是这信开头已改成"适之吾师赐鉴"，而落款则是"生徐芳"，物换星移，此情不再。信中所谈的是她想到美国去留学，希望胡适给予帮助，但胡适依旧没有回音。她只得在中国农民银行任文书工作。

1943年徐芳和徐培根将军在重庆结婚了。抗战胜利后，因工作单位的搬迁，他们从重庆移居南京。而胡适任北大校长之后，到南京中央研究院开会时，也曾去看过他们夫妇，师生之间相谈极为欢畅。1949年她随夫同迁往台湾。1958年胡适自美返台，他们曾在南港见面。1961年1月17日的胡适日记还有与徐培根夫妇共同聚餐的记载。但此时的胡适只是她"永远崇敬"的老师了。

徐芳晚年曾谈到自己的恩师们，她说朱自清长得矮矮小小，朱光潜一身西服笔挺，林徽因面貌清秀，身体柔弱。唯有谈到胡适时，她十分冷静地低调以对，不愿意透露更多的细节。可能，她心中还有一丝隐隐的痛。她跟胡适之间的情缘，短暂而又朦胧，却是一生的心痛，这种心痛被回忆牵着走，许多往事萦纡心头纠缠不休，想要挥去却无能为力，化作一场无情而又诗意浓郁的秋雨，就像她诗中所写那样：

说女人像一首诗，
不错，像一首
抒情的短诗。

先生的雅量

"文人相轻，自古而然。"

这是曹丕说的，他不仅是帝王，也是大文人。他还解释说："夫人善于自见，而文非一体，鲜能备善，是以各以所长，相轻所短。"文人的傲气风骨自古为人激赏，但一旦自我得骄横唳气不能容人便有失风雅了。

1924年4月，印度诗人泰戈尔应邀来华访问时，鲁迅是"驱泰大军"之一，他的杂文《骂杀与捧杀》直刺林长民、徐志摩，对胡适也不乏讥诮，在徐志摩生气罢译时，胡适打圆场上阵顶替徐志摩，却没说鲁迅一个"不"字。

1926年前后，鲁迅与"现代评论派"陈西滢发生激烈论战，字里行间"斜刺"胡适。陈西滢和胡适同属"现代评论派"，然而，胡适既不参与论战，也不回击鲁迅。他反而在5月分别写信致鲁迅、周作人和陈西滢："你们三位都是我很敬爱的朋友，所以我感觉你们三位这九个月的深仇也似的'笔战'，是朋友中最可惋惜的事。"

1922年5月，逊帝溥仪"召见"胡适，当时鲁迅并没有说什么。到了1931年底蒋介石召见胡适后，鲁迅在《知难行难》一文中写道：

中国向来的老例，做皇帝做牢靠和做倒霉的时候，总要和文人学士扳一下子相好。做牢靠的时候是"偃武修文"，粉饰粉饰；做倒霉的时候是又以为他们真有"治国平天下"的大道。当"宣统皇帝"逊位逊到坐得无聊的时候，我们的胡适之博士曾经尽过这样的任务。博士曰，"他叫我先生，我叫他皇上！"

1936年10月19日，鲁迅卒。

对于逝者，具体的时间是没有意义的，连意义也没有了意义。但是，对于活着的人们来说，记住这个逝去的年代并非多余。在他的灵柩之上，从此永久性地盖上了一面旗帜："民族魂"。对鲁迅先生的评价，这三个字也许比千万言的论文更实际，更崇高，更有分量。鲁迅的伟大思想和精神，在中华民族的历史上将永远放射不灭的光辉。

上海《大公报》在10月20日发表一篇短评。短评说："文艺界巨子鲁迅先生昨晨病故于上海，这是中国文艺界的一个重大损失。"

鲁迅病逝后，许广平在萧军的协助下，搬入上海霞飞路霞飞坊64号。为防备搜查，鲁迅的几百万字手稿隐藏在厨房墙角煤堆里。上海沦陷后，租界成了"孤岛"，鲁迅手稿的安全受到严重威胁，尽快出版《鲁迅全集》迫在眉睫。

同年年底，成立了由蔡元培、许寿裳、台静农、马裕藻、沈兼士、周作人、茅盾等七人组成的鲁迅全集编辑委员会。起初，打算不靠任何书局而自行印制，后来考虑到耗资巨大发行不畅，许广平与委员会同人反复磋商，还是希望商务印书馆出版，因为商务印书馆毕竟历史悠久、资金雄厚、印刷精良、发行通畅。那时办事，也还要靠私人关系。谁与商务渊源深，影响力大且能从中疏通呢？

许广平想到了胡适。

于是许寿裳拜托马裕藻出马请胡适帮忙疏通。胡适当即很干脆地表示：愿意帮忙。许寿裳致许广平信中说："与商务馆商印全集事，马幼渔兄已与胡适之面洽，胡适表示愿意帮忙。惟问及其中有无版权曾经售出事，马一时不便作肯定语，裳告马决无此事，想马已转告胡矣。商务回音，俟后再告。"

许寿裳又于5月3日致信许广平，建议鲁迅先生纪念委员会增补胡适为委员："昨与幼渔兄谈及，渠谓大先生与胡适并无恶感，胡此番表示极愿帮忙，似可请其为委员，未知弟意以为如何？希示及。"四天后的5月7日，许广平即复信许寿裳，同意许、马二位的建议，请他们先征询胡适的意见。这次，胡适同样干脆，也是立即同意。

后许广平又写信请求胡适："伏乞便中草下数行，示以商务接洽情况，以慰翘盼，无任感荷之至！"

胡适这次也没有丝毫推脱，在收到信的第二日便回信许广平，信中附上了写给商务印书馆经理王云五的介绍信。不久后，胡适又写了一封信直接寄给王云五。如果说，许寿裳致许广平信中所附胡适给王云五的信是应许广平之请托而写，胡适另写一信直寄王云五，就是他主动为之了，其热诚周到令人动容。

三天之后，许广平如约拜会王云五，谈得颇为顺利，谈判圆满结束，目的已达，许广平即把洽谈情况函告胡适："六月九日奉到马、许两位先生转来先生亲笔致王云五先生函，尝于十一日到商务印书馆拜谒，王先生捧诵尊函后，即表示极愿尽力……得先生鼎力促成，将使全集能得早日呈现于读者之前，嘉惠士林，裨益文化，真所谓功德无量。惟先生实利赖之。岂徒私人歌颂铭佩而已。"

八方名士溯江来

古人云："泰岱青松，华岳摩岭，黄山云海，匡庐瀑布，并称山川绝胜"。看"三叠泉"飞流直下的瀑布时，耳中是飞瀑衬托出的山之幽静；看"仙人洞"袅袅的香火时，眼中是大山高处的祥和之气；看沐浴在晨曦中的"五老峰"时，感悟的是天地的静谧之美。这座被联合国命名为"世界遗产"的名山，永远是和谐大地上的一个静静的、悦目的点缀。

庐山之美，素享"匡庐奇秀甲天下"之誉，接待过的名人雅士更是数不胜数。

这是胡适第二次来庐山，第一次是 1918 年在上海光华大学任教授的时候，胡适曾来庐山四日游，在仙人洞旁看到朱元璋御碑上所刻的《周颠仙人传》关于赤脚僧周颠及天眼僧送药的记载后，大骂朱元璋："此传真是那位'流氓皇帝'欺骗世人的最下流的文章。""自明以来，上流社会则受'朱熹的理学'的支配，中下层社会则受朱元璋的'真命天子'的妖言的支配，二朱狼狈为奸，遂造成一个最不近人情的专制社会。"

胡适对白鹿洞书院赞不绝口，但却讥笑明朝南康守王溱开山作洞、凿一石鹿置洞中的举止不明智，说他是"大笨伯"。因为白鹿洞四面环山，形成了一天然洞府，你真的去凿个石洞，岂不把大自然的杰作变成了平庸。

这次来庐山，胡适却没了痛骂古人的心情，时值七七事变后不久，胡适应蒋介石之邀，参加庐山谈话会。席间，胡适对时局问题高谈阔论，陈词活跃，还慷慨激昂大谈教育问题，提出"国家高于一切"和"教育独立"的主张。在山上，胡适所受待遇最优，蒋介石请吃茶，冯玉祥送煎饼，又与陈诚、卫立煌、胡宗南等武人会见，与陈布雷、吴铁城等文官晤谈，因此胡建中曾作诗调侃他：

溽暑匡庐胜会开，八方名士溯江来。

吾家博士真堪道，慷慨陈词又一回。

胡适也戏答一首"打油诗"：

哪有猫儿不叫春？哪有蝉儿不鸣夏？

哪有蛤蟆不夜鸣？哪有先生不说话？

7月31日中午，住在南京教育部的胡适赴蒋介石邀宴，席间胡适还抱着和平主义的幻想，他说，外交路线不可断，外交事应寻高宗武一谈，此人能负责任，并有见识。蒋介石并没有同意胡适的意见，决定作战，说可支持六个月。

8月17日晚，胡适参加了国防参议会第一次会议，会员共有六十人，中共周恩来代表毛泽东出席会议成了当晚的一大亮点。自从庐山谈话会上和周恩来相识后，两人已经是熟人了。

在国民政府召开两次谈话会期间，太虚法师于7月17日至24日在大林寺举行了一次法会，讲《解深密经成所作事品》。这次法会与往年一片"阿弥陀佛"不同，会上会下传诵着太虚电《告全日本佛教徒众》和电《告全国佛徒》的"诜电"：

兹值我国或东亚或全球大难临头，我等均应本佛慈悲：一、恳切修持佛法，以祈祷侵略国止息凶暴，克保人类和平。二、于政府统一指挥之下，准备奋勇护国。三、练习后防工作，如救护伤兵，收容难民，掩埋死亡，灌输民众防空防毒等战时常识诸项。各随宜尽力为要！

卢沟桥事变，太虚法师7月7日满含悲慨书写《庐山住茆即事》一诗，更是上下吟诵：

> 心海腾宿浪，风雨逼孤灯。
> 卅载知忧世，廿年励救僧。
> 终看魔有勇，忍说佛无能！
> 掷笔三兴叹，仰天一抚膺。

胡适听闻后，为太虚法师的壮举感慨不已。

继七七事变之后，"八·一三"日寇又大举进攻上海，中国守军以血肉之躯，奋起抵抗，战事持续一个多月。胡适的心境为之改观，觉得中国守军可战，日本也不是不可战胜的。此时，蒋介石受全民抗日激情的影响，下定决心与日一战。同时，蒋介石又希望在外交上，能得英美等国的同情和支持。于是，国民政府遂委派胡适以非正式使节的身份出访欧美，进行国民外交。可是，胡适却情绪化地谢绝使命，说："战争已经很急，我不愿离开南京，我愿与南京共存亡。"后来，傅斯年前来苦劝，甚至着急地哭着说："要说我有先生的名望和地位，我就要去了，为了抗日……"胡适这才为之所动，欣然奉命成行。淞沪抗战给胡适壮胆打气，他的底气比以前厚实多了。临行时，他对前来送别的汪精卫、高宗武、陶希圣等人说："我已不再祈望和平，这一个月的作战至少对外表示我们能打，对内表示我们肯打，这就是大收获。"

此时胡适的大儿子祖望在他身边，而江冬秀及小儿子思杜留在天津避难。祖望已经长成了大人，能够独立照顾自己，胡适唯一放心不下的就是小儿子。回到南京居所后，胡适给江冬秀写了一封信，他不好说去美国，用了"走万里路"的话：

我日内就要出门，走万里路，辛苦自不用说，但比较国内安全多了。一切我自保重，你可放心。

祖望，我要带到武汉去，想交与武汉大学的王抚五或陈通伯，等候二次招考，或作旁听生。他很能照管自己，你可放心。

小三，我只好交给你安排了。

第二天，胡适再次去拜访蒋介石，谈了半个小时，陈布雷也在座。后来，王世杰、高宗武、陈沧波为胡适、钱端升、张忠绂三人饯行。

1937年9月8日，胡适乘船西上汉口，途中，他给北大秘书长郑天挺写了一封信。当时北京已为日军占领，所以，胡适以商人的口吻，隐喻托说自己将赴之使命说：

弟与端、缨两弟拟自汉南下，到港搭船，往国外经营商业。明知时势不利，故尽人事而已。……弟自愧不能有诸兄的清福，故半途出家，暂作买卖人，谋蝇头小利，定为诸兄所笑，然寒门人口众多，皆沦于困苦，亦实不忍坐视其冻馁，故不能不为一家糊口之计也。

中秋过后第三天凌晨，胡适匆匆赶往机场，这时天还未亮，海上悬起一轮圆月，天空中有层层清云，如烟似雾，弥蒙在月光下。月晕恰恰是这圆月与清云的红娘，牵于二者之间，淡淡的点上一圈，既不喧宾夺主，又有万般娇态。胡适看后感慨不已，作《早行》诗一首：

棕榈百扇静无声，海上中秋月最明。
如此海天如此夜，鸡声催我起飞行。

他万万没想到，这一去，就是九年。

第六章 书生大使

等待，一生最初的苍老

《玻璃樽》里有一句台词说："人生下来的时候都只有一半，为了找到另一半而在人世间行走。有的人很幸运，很快就找到了。而有人却要找一辈子。"

还有一种人，他们寻找到了自己的另一半，却生生不能在一起，只剩下漫长的等待。在等待中，一切有限、偶然的生命构成的生老病死、爱欲纠缠，也永远没有结果。相互守望，生死相依，离别回到原点，等候最初的亲密与爱。

这种亲密无间又相隔千里的交融，一瞬间即永恒，如同一颗颗渺小的星子一样明亮而悄默。他们在细雨中坠落又在草木上凝结，最后在不知不觉间烟消云散。

等待，一生最初的苍老。

韦莲司不断地在脑海中回忆曾经与胡适在一起的剪影，一遍遍回放，手上剩下的青春已经不多，曾经用过的梳子流下了时光的线条，时光悠悠，付出的爱灼伤了自己，痛且伤感。距离上次与胡适相见又过去了五年，她回归了冷静和理智，清楚地认识到，自己不可能得到全部的胡适，她写信给胡适："在我一生之中，有一种苦行僧的倾向，对于我自己非常渴望的东西，我宁可全部放弃，也不愿意仅取其中的一小部分。我不知道这是不是幼稚，疏于自制的能力，或者是不文明的？"

而胡适也需要一个真正了解自己的人，来为他疏通心绪，排遣愁思，他在给韦莲司的信中说："我过的是一个非常寂寞的生涯。一向在深夜工作。有时候我在清晨三点写成一个东西，自己觉得很满意，就真想能有一个人能够跟我分享。在过去，我会把我写的诗给一个侄儿看，他是一个有才华的诗人，跟我住在一起。但他已经死了十年了。我已经好多年没写诗了，我已经转向作历史研究。但这五年来，由于政治问题更为迫切，连要作这点都已经很困难。但是我还是维持每年写出一篇主要论文的做法。我觉得即使是在做这种研究工作，我也需要人来跟我分享、给我鼓励……我最亲爱的朋友，你千万不能生我的气，一定要相信我是跟以前一样，一直是最常想到你的。"

七七事变后，韦莲司心急如焚，她写信给胡适："尽管我没写片语只字给你，这几个月来，我的脑和心与其说是在这儿，不如说是在中国。当南京遭到攻击的时候，我几乎压制不下我想跟你联系的冲动，在死人无数的此刻，我忧心地等待着亲爱的人安危的消息，而消息又是如此姗姗来迟……我忧心如焚。如果我去中国能有任何助益的话，我会去的。然而，看来我恐怕反而会成为一个累赘，更何况去又是这么的难。"

也许是冥冥之中有两颗心在遥相感应，此时在飞机上的胡适也写信给韦莲司："我现在在海拔一万英尺的空中写信给你。中国诗人称这为云海，可是，这个景观远比他们所能想象的还来得壮阔！我又来美国了，虽然我不久前才来过。我必须说在这每天、每小时都有毁灭厄运的当下离开中国，是违背我的本意的。然而，我不可能继续抗拒敦促我来美国的压力。我最后答应了，条件是我不从事外交工作，也不作宣传工作。我只回答问题，厘清误解，以及发表我自己的观点。"

韦莲司得到胡适要来加州的消息，欣喜若狂，马上写信给胡适："最亲爱的朋友！我提笔的目的就是要让你知道，在纽约有一个很渺小的人，用她最真挚的心在关心着你。我是这么地关心着你，也是这么强烈地希望你知道我是这么地关心着你——希望你知道不管你人在哪儿，我都在精神上陪伴着你。"

他们很快就在纽约见面了，两人在一起散步、谈话、回忆过去的一幕幕。可惜此次聚会只有三天，三天后胡适还要继续奔忙。

胡适离开后，韦莲司这才向他透露了一个秘密。原来有一个叫 R.S. 邓肯的人向她求婚，他的热情、贴心、周到和无微不至都让韦莲司无所适从。当韦莲司征求胡适的意见时，胡适表示"立即赞成"。然而，这种欲卸担子的态度让韦莲司很不满意，她最终听从了父亲"除非不得已，否则别结婚"的忠告，拒绝了这个对他呵护备至的男人，宁愿在孤寂中度过自己的一生。

她没忘了在信中责备胡适："我所想象的是摆脱一切累赘，为我的人生作最后的冲刺；在人生最后的一程，心无旁骛地献身于真善美，摆脱庸碌与妥协。我所要的是那么一种人生的际遇，让我的心智与品位能永葆敏锐，让我能够坦然地与我最崇拜的人们交会；仅仅作出一幅画便已足够，只要它是杰作；只要能做出一道佳肴便已足够，但必须是人间极品。我发现我之所以要保持无牵无挂的自由之身，是因为我希望把自己保留起来，在需要的时候，或许可以对你、对其他朋友能有一丁点用处。"

"我有点伤心的地方是：你以为如果我结了婚，你就可以解脱了一个责任负担。你所不了解的是，我不是你的负担，我也从来没有要你跟我结婚，或者因为你本能地害怕我会要你这样做——我知道你有……而怪你。然而，我要告诉你，我是不会为了讨好你而去结婚的！我们讲清楚然后分手，也可以达到相同的目的！"

胡适被信中咄咄逼人的话震得手足无措，他万想不到这个女子的心是这么坚诚，他在无奈之下只好说"你是有点在生我的气"。

韦莲司终究不敢跟胡适断了关系，剪短了这根细细的线，她便什么希冀都没有了。胡适 46 岁生日那天，与自己的恩师杜威教授共进晚餐。78 岁的杜威很高兴，频频给胡适敬酒，其他人也来敬酒。晚上十点多钟，微醺的胡适回到宾馆，服务员送上一束玫瑰花，上面留的是韦莲司的名字。

胡适心头一暖，眼角有些湿润了。回到房间后胡适细细数了一下，总共24支玫瑰花，也就是说，他俩相识已经24年了。

跟着玫瑰花一块儿来的还有一朵紫罗兰，胡适小心地把它别在自己的大衣上。第二天外出的时候，又把它夹在书里。晚上回来的时候，发现这朵紫罗兰保存完好，就继续夹在书里头。

两年后，54岁的韦莲司生日那天，收到了胡适送来的兰花、水仙、郁金香、金鱼草、剑兰和白色的菖蒲，还有三块刺绣，上面绣着苍鹰和太阳。这些永不凋零的鲜花，朵朵都代表了胡适的思念。他们之间的友谊，就像太阳那样炽烈而又富有生机。

往事的种种，都随岁月匆匆的流过，染白了韦莲司记忆里最后一根丝线，只有悬挂在窗前的那一束风铃，摇响记忆最深处的回音。

或许，每一个繁华的背后，都会隐藏着无数的哀伤，一如花样的年华般，回忆起来，却是无数的怀念和寂寞。微笑的背后，有多少苦涩的泪水在纷飞，回忆的章节里，又是谁把谁的温柔定格到永恒，化成心底那一道永不泯灭的痕迹。那朵朵鲜花上，沾满了多少相思的泪渍，这两颗绕行在同一个轨道上的星星，却再也无法结合在一起了。

金庸先生的《鹿鼎记》中提到过一个侠客吴一刀，是一位用刀名家，天下数得着的高手。在一个偶然的机会中，他遇见了陈圆圆，从此一见钟情，生死相随。陈圆圆嫁给平西亲王吴三桂后，吴一刀也在昆明定居下来，更自甘下贱，入平西亲王府给陈圆圆做花匠，只为能常常见到陈圆圆。

如果不能和你厮守，便在远处默默守候着你，听你欢声，闻你笑语。

你若安好，便是晴天。

苦雨庵中的老僧

八道湾胡同是极难找的,我事先没有做好功课,所以从这里走过又走了回来。

此胡同确如其名,进去后拐来拐去,不知道拐了几个弯。周作人的故居11号院稍显得与众不同,院门口爬满了绿叶,好像这绿荫背后隐藏了些许不为人知的故事。门牌号已经有些模糊了,为了确认,我问了旁边纳凉的老人:"这是周作人的故居?"

老人瞪了我一眼:"这是鲁迅的老房子,他就是在这里写的阿Q。"言语中颇显不满。

生于浙江绍兴的一支并蒂花在百花齐放的"五四"年代,是最引人注目的,便是周氏兄弟。周氏兄弟以其杰出的创作成绩,占据了文坛的半壁江山,名重一时。张中行老人说:"散文,最上乘的是周氏弟兄,一刚劲,一冲淡,平分了天下。"然而,几十年之后,这枝并蒂花凭空折断了一朵:人们只认识鲁迅,不知道周作人了。

在新文化运动的巨子之中,周作人处世最低调,文章也很平和,淡淡的,雅雅的,就如一杯略苦的清茶。但其表达的人文思想最深刻,抵达的审美境界最高远。1918年12月,周作人发表在《新青年》上的成名作《人的文学》,出手不凡,高屋建瓴。胡适曾评价说,新文学的理论功绩有两个,一个是白话文取代了文言文,建立了一种白话文学;另一个就是提出了一个作战口号"人的文学",建立了一种"人的文学",而周作人的《人的文学》就是"当时关于改革文学内容的一篇最重要的宣言"。

北平沦陷后,周作人仍留在沦陷区,没有随北大南迁。当时的文化界倾力劝其南迁,并打出了"城可失,池可破,周作人不能投降"的口号,然周作人的做法却叫众人大跌眼镜。

1938年8月，以非正式使节的身份在美国进行国民外交的胡适得知老友滞留沦陷区的消息，甚为不安，故作诗一首，要其迅速南下，诗云：

藏晖先生昨夜作一个梦，
梦见苦雨庵中吃茶的老僧，
忽然放下茶盅出门去，
飘然一杖天南行。
天南万里岂不大辛苦？
只为智者识得重与轻。
梦醒我自披衣开窗坐，
谁知我此时一点相思情。

苦雨庵是周作人在八道湾的书房，自从两兄弟失和，鲁迅搬走之后，周作人便将苦雨庵改作苦茶庵，不离苦的味道，并自诩为庵中的老僧。胡适担心周作人有沦为汉奸的危险，所以有"只为智者识得重与轻"的话。为了避免日本人的审查，胡适此信用了"藏晖"的名字。

周作人接到胡适的信后，作了一首"苦住庵吟"答"藏晖"，地址寄到华盛顿的中国使馆，转交"胡安定"先生。"胡安定"是胡适的临时别号，诗云：

老僧假装好吃苦茶，
实在的情形还是苦雨，
近来屋漏地上又浸水，
结果只好改号苦住。
晚间拼好蒲团想睡觉，
忽然接到一封远方的信，

>   海天万里八行诗，
>   　多谢藏晖居士的问讯。
>   我谢谢你很厚的情意，
>   　可惜我行脚却不能做到；
>   并不是出了家特地忙，
>   　因为庵里住的好些老小。
>   我还只能关门敲木鱼念经，
>   　出门托钵募化些米面，
>   老僧始终是个老僧，
>   　希望将来见得居士的面。

周作人首先在诗里向胡适报告了自己的处境，其次是诉苦，说明不能南下的原因，是因为家室所累故不能远行，但他声明"老僧始终是个老僧"，不会出问题的。

胡适在1939年12月时才收到这封信，而这时周作人已任伪北京大学文学院院长之职，胡适感慨不已，却又无可奈何，遂赋诗一首：

>   两张照片诗三首，今日开封一惘然。
>   无人认得胡安定，扔在空箱过一年。

胡适一到美国，就为国事奔波，根本无暇顾及其他。刚下飞机的第二天，他就在旧金山中华戏院发表演说，讲题是《中国能战胜吗？》。他在讲演中说："算盘要打最不如意的算盘，努力要作最大的努力。"以此来勉励侨胞，并表示国内民众团结抗日的决心。10月1日晚，他又到哥伦比亚电台作英语广播演说，题为《中国在目前的危机中对美国的期望》。当时美国正处于孤立主义时期，全国上下厌恶战争，胡适婉转地批评了他们的孤立主义，并说：

"中国对美国所期望的,是一个国际和平与正义实际与积极的领导者,一个阻止战争、遏制侵略、与世界上民主国家合作和策划促成集体安全、使得这个世界至少可使人类能安全居住的领导者。"

10月8日胡适到达华盛顿,12日便与当时的中国驻美大使王正廷去白宫谒见罗斯福总统,报告中国抵抗日本侵略的实际情况,希望得到美国的同情和支持。罗斯福对战局甚为关心,问中国军队能否支持过冬。胡适答一定能支持。罗斯福又说到九国会议及美国中立法案的困难,临别时嘱胡适不要悲观,态度很诚恳。

胡适在美国的演讲,引起了日本的注意,当时杨鸿烈从日本返国,写信向胡适介绍情况说:"在日本人眼中,先生是他们的'侵略主义'的大对头,他们甚至说蒋总司令现在政权也是建设于您的'《独立评论》的哲学'之上。先生在美国一言一行,日本的报纸都详为揭载。日本人或以为先生故意诬蔑他们的皇军在我国施行暴力的假'王道政治';或以为先生善于为有组织的宣传,而同时政府又肯拨给巨万的宣传费,不似日本代表宣传技术既已拙劣,政府又过于小气,故使美国排日的空气甚为浓厚。"

由此可见,胡适的宣传工作起到了很大的作用。胡适此次出国带了4500元美金,但是,他从不乱花一分钱。据同行的张忠绂回忆,他们到美国后,凡事节俭,住最便宜的旅馆房间,胡适还主动提出自己不拿月薪。他谢绝了英美几所大学的高薪聘请,并在给江冬秀的信中说:"这个决定是不错的。我不愿在海外过太舒服的日子,良心上过不去。"

胡适在美国的生活忙且拮据,但他的老友周作人却在北平风光无限。北平沦陷期间,普通市民只能吃糠、麸皮、豆饼、榆树皮面、橡树皮面、玉米秸棒等杂粮磨成的"混合面",而周作人的钱却一下子多了起来,买家具、购裘衣、扩充宅基地,仅他跟信子使唤的男仆女仆就有20多人。

不久后,周作人竟然长袍马褂,跻身于戎装的日本特务头子与其他汉奸文人之中,出席由日本军部召开的"更生中国文化建设座谈会",大多数有良知的文化人都嘘了一口气，莫不瞠目结舌、嗤之以鼻。武汉文化界抗敌协会通电全国，谴责周作人"不惜葬送过去之清名，公然附和倭寇，出卖人格"。茅盾、郁达夫、老舍等人联名写了《给周作人的一封公开信》，强烈谴责他，并希望他幡然悔悟，离开北平。

然周作人却不听好友们的劝告，频繁出席日伪组织的各项活动，而且越涉越深，以至于走向深渊。梁实秋也不禁扼腕可惜："真不明白苦茶庵的老和尚怎么会掉进了泥淖一辈子洗不清！"

1939年1月1日晚，周作人正在苦雨庵里与友人闲话，忽然冲进两个学生，从衣袋中掏出手枪，抬手就是一枪，击中周作人的左腹部。无巧不成书，子弹恰好打在周作人毛衣的纽扣上，纽扣一方面减缓了子弹的冲击力，一方面改变了子弹的轨迹，结果只是擦伤点皮，但周作人还是应声跌倒。

发生这次刺杀事件后周作人变得小心翼翼，并请了保镖保护自己。当时周作人的侄儿，周建人的第三个孩子，年仅20岁的周丰三正读高中，同周作人住在一起。他很看不惯叔叔这种汉奸式的行为，但无论怎么劝，周作人都不听。终于有一日，周作人带着保镖回家，保镖随手把手枪放在桌上。周丰三二话没说，抄起枪对着自己的太阳穴就是一枪，当场毙命，以这种方式表达了自己的决心和抗争。

胡适一生朋友无数，且多为大贤之士，唯有汪精卫和周作人，其错裂悖离之程度，不仅在中国历史上绝无仅有，放眼整个世界历史，也是罕见之极。汪精卫曾作过一首有名的诗：

慷慨歌燕市，从容作楚囚。

引刀成一快，不负少年头。

年轻的汪精卫，一腔热血，满怀义愤，到北京来想炸死摄政王，不幸失败被俘。这首在狱中写的诗豪气冲天，掷地有声。青年时期的周作人何尝不是这样?他学贯中西、有笔如刀,他讲课时,教室里学生爆满,连窗户外面都站满了慕名而来的人。他前期是一个五四时期向着旧势力冲锋陷阵的勇猛的战士,后期则变为臭名昭著的大汉奸,两者都是真实的,却又如此迥异。

八道湾胡同的苦茶庵几经易手,已无当日的书卷气,只留下曲曲折折的胡同里叹息般的风声,仿佛在诉说这一历史,和其中苦茶般的滋味。

做了过河卒子

1938年7月,胡适等结束在美国的活动,前往英法游说。20日下午,他在巴黎收到纽约转来的电报,蒋介石敦请胡适出任驻美大使,以取代将要卸任的王正廷。他的好友、驻法大使顾维钧和驻英大使郭泰祺也相继来电,劝说他就任驻美大使。行政院长孔祥熙也打来电报说:"介公及弟甚愿借重长才,大使一职,拟由吾兄见屈。"

可是,胡适还是回电坚辞大使职,理由是:"二十余年疏懒已惯,决不能任此外交要职。"他将回电交于朋友们看,遭到他们的一致反对,都认为国难当前,不应推卸此事。

7月27日,蒋介石再次致电胡适,请求胡适出任驻美大使。此时胡适万难推托,终于做出决定。晚上他在日记中写道:"半夜后始决定,此时恐无法辞卸;既不能辞,不如'伸头一刀'为爽快。故最后修改电文为接受此事。"电文如下:

国家际此危难,有所驱策,我何敢辞。惟自审二十余年闲懒已惯,又素无外交经验,深恐不能担负如此重任,贻误国家,故迟疑至今,始敢决心受命。

胡适既已同意，蒋介石就马上下达了命令："驻美利坚国特命全权大使王正廷申请辞职，王正廷准免本职。此令。特任胡适为中华民国驻美利坚国特命全权大使。此令。"

胡适出任驻美大使的消息一传出，在国内外引起了很大的震动。重庆《大公报》在一篇社论中宣称："他最了解美国，也最了解祖国，我们政府与人民十分期待他此次能达到更增进中美友谊的使命之成功。"美国《纽约时报》也发表评论说："除胡适外，没有人能够资格向美国说明中国的情形，同时向中国说明美国的情形。"并称："胡适不是狂热分子，他是言行一致的哲学家，他的外交必定是诚实而公开的，他将有很大的贡献，使中美两国人民既有的和好关系能增进。"

而在日本方面，胡适出任驻美大使却成了他们的噩梦。当时代表日本舆论界的东京《日本评论》曾建议一对策："日本需要派三个人一同使美，才可抵挡住胡适。"那三个人是鹤见佑辅、石井菊次郎和松冈洋右，分别是文学的、经济的和雄辩的专家。其中的松冈洋右的英语可谓一流，其演说水平可与胡适匹敌。可见胡适对日本军国主义的威胁。

胡适为国奔走，夫人江冬秀却很不情愿，她深怕胡适摆脱教育界进入官场后与国民党政客同流合污，毁了自己，为此她曾找胡适的好友朱尧生诉苦，甚至痛哭流涕。朱尧生事后向胡适报告说："兄发表使美后，胡太太大不高兴，说得声泪俱下。弟劝以兄之跳入火坑，亦本能尽一日力尽一日力；能尽一分力尽一分力之意。好在战争停止，适兄即可挂冠归来，时间不为过长，学者仍然还是学者。"

胡适理解妻子的担忧，于是写信对她说："我二十一年做自由的人，不做政府的官，何等自由？但现在国家到这地步，调兵调到我，拉伕拉到我，我没有法子逃，所以不能不去做一年半年的大使。我声明做到战事完结为止，战事一了，我就仍旧教我的书去。"

10月5日，胡适到达华盛顿，这是他第六次到美国，但这次身份变了，他现在代表的是四亿五千万人口的大国。10月18日，胡适晋见美国总统罗斯福并递交国书。由于来得匆忙，胡适连外交礼服都没有准备，只听从了朋友的建议，改变了发型，将头发用发油统一梳到脑后。

不想罗斯福对胡适的印象却极好，赞扬他说："胡大使名满世界，今出任中国驻美大使，必能进一步促进中美之谅解，美国对于中国亦随时准备与之合作。"之后，胡适在任内遇到重要的事时，常直接找罗斯福交涉，罗斯福待他也非常好。那时罗斯福身为美国总统，公务非常繁忙，一般使节是很难见到的，可是胡适却例外，不仅能见到，而且有时还出席一些宴会，两人比邻而坐，亲切交谈。美国一名官员说："近代各国所派驻美大使得到美国朝野之敬重的大概只有英国的布莱斯勋爵和胡适博士相媲美。"

当时，美国上下都有厌战情绪，而且国会通过"中立法"使美国不可能参加战争，所以中国驻美大使过去曾多次提出借款要求，都未能实现。胡适就任驻美大使后，从各方面努力绕过美国中立法规，以商业借款形式，采取以物易物的办法，争取到了罗斯福的同情与支持，于是与美方达成一项2500万美元的桐油贷款。10月25日武汉失守，当晚美国就宣布了这项协议，这对敌人来说无疑是个沉重的打击。

10月31日，蒋介石发来贺电说："借款成功，全国兴奋。从此抗战精神必益坚强，民族前途实利赖之。"胡适为此感到非常兴奋，在华盛顿自题小照上题了一首诗，送给陈光甫。诗云：

偶有几茎白发，心情微近中年。

做了过河卒子，只能拼命向前。

12月4日，胡适从华盛顿赶到纽约，进行为期四天的演讲。当天晚上，胡适在纽约哈莫妮俱乐部演讲"北美独立与中国战争"。演说后，胡适觉得胸口痛，回到旅馆吐了几口。胡适以为是严重的消化不良，叫服务员送来一壶热茶喝了。睡下后，胡适胸口痛稍稍好了一点，但总感觉不舒服。

第二天，胡适赴纽约中国文化协会，作午餐会"日本对中国的战争"演讲，演说长达半个小时，胡适出了一身大汗。下午三点，胡适去医院看病，医生诊断胡适心脏的一茎血管受伤关闭，起了一个小血块。随后为胡适做了心脏状况图。这时，胡适脸色煞白，手脚冰凉，血压降到八十多。众人慌了，忙请来李维大夫和两个最有名的心脏专家会诊。李维大夫没有给胡适吃药，只是叫他绝对静养。

中国驻美大使馆则隐瞒了这一病情，《纽约时报》当时报道说："胡博士由于最近在华盛顿的工作压力，得了轻微的疲劳过度症，因此在哥伦比亚大学医学中心的哈克尼疗养部享受了一晚上的休憩，情况很好，并很快就能返回华盛顿。"

12月17日，躺在病床上的胡适度过了他的第47个生日，他当日作了《自寿小诗》，言道：

卖药游方廿二年，人间浪说小神仙；
如今回向人间去，洗净蓬莱始上天。

同日，远在国内昆明西南联合大学的同事们，给胡适寄去了一封贺信，信中说："适之兄、师：今天是北大40周年纪念，同时欣逢你47岁良辰。在滇的同人们都愿你发挥无碍的辩才，申展折冲樽俎的身手，做一番旋乾转坤的伟业，寿国寿民兼以自寿！最后我们希望你在转移国运之后功成身退，同我们一起再回咱们老家去，在那50整寿的那一天，咱们再重开'寿酒米粮库'的华筵，重尝徽州一品锅的美味，想来你盼望的比我们还切罢？谨以为祝。"签名者是蒋梦麟、汤用彤等人。

江冬秀从报上得到胡适得病的消息后，非常着急，于是写信劝胡适早下台为好。她说："今天报上说你身体不适进某医院疗养，我看了吓我一大跳，盼望你不是大病。我劝你早日下台吧，免受他们这一班没有信用的加你的罪，何苦呢？"

江冬秀的信开门见山，直白自己的感情，女性特有的爱怨五味俱下，比起那个时代套用典故，文绉绉的尺牍，不知高明多少。胡适看到信后高兴地写诗道："病中得她书，不满八行纸，全无紧要话，颇使我欢喜。"

江冬秀擅做主张托张慰慈给重庆打电报，请求胡适辞去大使职务，好在这份电报中途被搁下。胡适得知此事后，回信给江冬秀："我屡次对你说过：'留得青山在，不怕没柴烧'，国家是青山，青山倒了，我们的子孙都得做奴隶。"

这次生病，胡适整整在医院住了77天。

赫贞江边的丽影

四百里的赫贞江，

从容地流下纽约湾，

恰像我的少年岁月，

一去了永不回还。

这江上曾有我的诗，

我的梦，我的工作，我的爱。

毁灭了的似绿水长流。

留住了的似青山还在。

赫贞江，每读到这三个字，我的心里都是一种神秘的感觉。赫贞江即赫德逊河，是一条宽阔的大河，有些段落竟宽得像湖泊。乘着列车沿赫德逊河岸而驶，有时甚至紧贴河面，恍然感觉不是坐在火车上，而是坐在游船上。

提到赫德逊河,就不得不提罗斯福,他就出生在这个风景如画的地方。至今在罗斯福图书馆,还保存有很多第二次世界大战的图片和影片。多少年来,赫德逊河的枫叶红了又落,周而复始,这段历史却永远不被人遗忘。

胡适对赫德逊河是有情感的,就像他诗中所写"我的梦,我的工作,我的爱"。然而赫贞江边的丽影却不是韦莲司了,而换成了别人,勾起了"赫贞江第二回之相思"。

1938年10月20日,胡适为庆祝恩师杜威79岁生日,邀请他到中国大使馆吃饭。在席上,胡适第一次见到了杜威的秘书——犹太人罗维兹。

初见,便备感亲切,两人谈话十分投机,互相赏识。几个月后两人相约,一起吃饭、聊天、看戏。在赫德逊河边融融的月色下,两人的爱情也被深秋催熟。

那一年,他47岁,大她13岁。

共浴爱河后,罗维兹在给胡适的信中写道:"我最近才知道真正的爱是什么意思。一个男人把你搂在他臂弯中的时候,你的每根神经都在颤动。当你在清爽的月夜时迎风驾驶,有他坐在你的旁边,两人的手近在咫尺,能互相握到,这让我感到若狂的喜悦。我刚感受到小别之后,拥在他臂弯之中,亲到他面颊的滋味。"

两人互通信件,为掩人耳目,她称他为"老头子",落款为"小孩子"。

犹太人罗维兹并不懂拼音,这对她来说几乎跟天书一样。所以,罗维兹十次有九次拼错拼音。有一次她居然把"老头子"给拼对了,于是她很得意地说:"看!很厉害吧?"又一次,她把"小孩子"给拼对了,她就在后面加了一句话:"赏找什么?"然后用箭头画一道线到她正确拼出来的"小孩了"拼音旁边。

幽默俏皮的罗维兹,用她独特的个性魅力熨烫着胡适的心,她在一封电报中声称自己想念"老头子"到了不能相信的地步,并在电报尾上写了一个"爱"字。罗维兹不喜欢放了糖精的海枯石烂的誓言,她喜欢调情,也懂得如何调情。而这种放浪跟热情恰恰让胡适欲罢不能。他写下了一首《无题》:

> 电报尾上他加了一个字,
> 　我看了百分高兴。
> 　树枝都像在跟着我发疯。
> 　冻风吹来,我也不觉冷。
> 　风呵,你尽管吹!
> 　枯叶呵,你飞一个痛快!
> 　我要细细的想他,
> 　因为他那个字是"爱"!

罗维兹是胡适一生遇到过的女人中的异类,她有文采,生意盎然,她的想象力天马行空,却又收缩自如,她撒娇,装稚嫩:

> 写封长信给我,赶快写!你如果看到那些交通警察,你一定会觉得很好笑。他们认得我那辆流线型的车子。我认为即使我把他们撞倒在地,他们也不会逮捕我。他们对我欢呼的样子,就好像我是他们失散已久的妹妹一样,所以我每次都会送给他们一个飞吻。哈!这可以算是淑女的行径吗?

刚担任大使的胡适忙碌可想而知,虽然他白天忙得精疲力竭,但心中还是念念不忘罗维兹,半夜给她写信:

> 最亲爱的小孩子:真心谢谢你那封美丽的信,第一页的文字,跟你写的诗一样富有诗意。你所建议的节目非常好。我刚从一个大晚宴回来。疲惫已极。可是在我上床以前,我一定要写这封短信给你,外加一个热吻。

胡适确实疲惫已极,没多久他就病了,住进了医院。在他住院的 77 天中,罗维兹经常来看望胡适,就连胡适病房的护士小姐都与罗维兹混得很熟了。她劝胡适要学会放松，不要担太多压力："眼看着加诸你身上的重担与责任，我就觉得有点喘不过气来。我所指的，是你似乎觉得你必须放弃你的独立自决与自由。一定会有些事情是你不能做的，也一定会有一些情况会让你戒惧的，但你绝对不可以每走一步，每说一句话，就都好像必须如履薄冰一样。我之所以会对你这样说，老头子，是因为有这样的态度就轻松不了，而你必须放松。请注意你自己的健康，多休息。"

她深知胡适的工作极为繁重，因此她极愿意为胡适分担一些琐事，如代为联系餐饮服务公司以安排宴会，对大使馆的布置提出种种建议等。为了防止蚊虫叮咬，她还特意送给胡适一台灭蚊灯。更为可贵的是，罗维兹一直坚信中华民族是一个富有勇气的民族，而发动侵略的日本军国主义者终会力尽而亡。

胡适出院后，急切想见到罗维兹，却怎么也找不到她了。四处打电话无果，急得他团团转。后来他才知道，原来罗维兹是在生他的闷气，故意躲着他。问题出在3月21日的晚会上。那一天，胡适在中国大使馆举办了一个晚会，请了上海的文化剧社去表演。这个盛会邀请了四百多个贵宾，可是罗维兹不在被邀请之列。胡适当时心脏病未愈，不但不能过度操劳，而且也没有参与筹划，邀请名单是秘书拟定的。胡适虽然在会场上致了辞，上半场结束以后，他就被医生和美国国务院的朋友"强制"架离会场，回家休息。

胡适当即写了一封信进行解释，祈求这位恋人的理解和宽恕。不久后，任性刁蛮的"小孩子"终于原谅了胡适，并请华盛顿的一间酒铺送一瓶香槟酒去给胡适，又附上了一张卡片。结果虽然香槟酒是送去了，酒铺的人并没有把卡片一起给胡适。罗维兹为此在信上告诉胡适她写在卡片上的话：

我在那张卡片上说香槟没有问题。如果你的医生不同意我的谕令，你就必须把他打入地狱，让他坐在平底雪橇倒数算过来的第四个位子。我在那张卡片里也说你生了一个很棒的病。我的意思是你得了一个可喜的病，这个道理可以让逻辑学家去演绎出来。

老头子，不要让事情烦心。记得这个道理：你昨天才在为今天而操心，结果，今天来了，什么可怕的事也没发生。明天也会将如是。不久以后，你就会比从前健康十倍，让你加倍地补回你失去的时光。我并不是像我哥哥一样，在这里教训你。我是要：

一、以一个有经验的长脊骨军团的成员给你建议；

二、行使我作为一个小妹妹的特权，来照顾一个聪明、任性的哥哥，因为你现在已经被我们领养，你的新名字叫"杜威罗维兹胡适老头子"。

罗维兹将胡适的姓改为"杜威罗维兹"，名改为"胡适老头子"，这让胡适哭笑不得，也就是说，他被排在80岁的杜威后面了。

1939年10月6日，匹兹堡中国纪念室举行落成仪式，胡适特邀罗维兹母女参加，但无法邀请她们参加正式的晚宴，因为晚宴的出席者仅限于中国委员会的委员和少数教授，让情人坐在大使身边，怎么都会显得有些不伦不类。

这次宴席之后，罗维兹又失去了踪影。她的扑朔迷离让胡适更加难以自拔，50岁的男人，此刻变得像一个初涉爱河的小伙子，他在给罗维兹的信中说：

我一直想着你。我想着各种不同的假设，为什么我的小孩子没有写信给我？她是玩得太痛快了，连写信给我的念头都没有了？还是她是坠入了爱河，已经进入了浑然忘我的境界？等等、等等……你可以猜想得到，我会喜欢把第三种假设当成是最合理的假设。

胡适的确猜对了，在不久前，有一个非洲人向罗维兹求婚，罗维兹答应后两人闪电结婚了。

没多久胡适就收到了罗维兹从英国寄来的一张风景明信片，上面写着："葛兰特夫妇敬致爱与安好！"胡适万万没有想到她会在毫无预兆之下，闪电结婚，觉得特别不可思议，他回信向罗维兹表示恭喜，并希望在不久的将来能够见到葛兰特。接着，他谈到欧洲战局的恶化。突然间，他笔锋一转，凭空冒出了一段话："在现代文明所面临的大悲剧之前，我们自己的痛苦算得了什么呢！而我亲爱的罗碧却还记得她上次来看我时的忿忿之气。"

不料，这位葛兰特先生命运乖蹇，结婚后仅仅一年就撒手人寰，罗维兹重新陷于孤寂之中。

罗维兹可能已经不再把胡适当成她的"老头子"了，可是，胡适还是继续把罗维兹当成他的"小孩子"。他说罗维兹在那么短的时间内，从一个害羞的"小孩子"，变成一个女人、情人、妻子，然后寡妇，是多么不可思议，他希望能够从自我分析的角度来进一步了解她。

可惜两人再未见面，1946年4月，胡适离开美国返回中国，同年12月，罗维兹嫁给了87岁的杜威教授。

在胡适的情感花园里，罗维兹虽不是最美丽耀眼的，但却是最特别的，她热烈、放浪，曾几度让胡适神魂颠倒。但当花瓣从指间飘落时，他却没法捞回。随着年龄的增长，婚姻被他的亲情铸成了坚固的堡垒，而他周围的星星点点，则要不掉进了西湖，要不沉进了赫贞江里。

1970年，罗维兹因脑膜血肿死于迈阿密，享年66岁。

云中谁寄锦书来

大病初愈后，胡适重整旗鼓，又忙着为国事奔走，打算向罗斯福第二次借款。早上他洗脸时，透过镜子发现自己的眉毛白了一根，他转头对同事说："这一仗打完，我的头发眉毛也许全要白了。"

人老多情，对妻子、儿子的思念此刻忽然如蓄满的荷塘，不可逆之地流淌而出，流向大洋彼岸的国度。晚上，他望着天上的星斗，对儿子思杜写信道：

今夜"火星"特别光亮，红的像红鲫鱼。再过四夜，七月廿七夜，是十五年中火星同地球最接近的一夜，所以全世界的天文家和爱看星的人们，这几天都特别准备看那一夜的火星。

我今夜也在外面看火星，很想着你，所以写这封信给你。你这几天看火星了吗？

我盼望你好好用功，也许我明年能接你出来上学。要用功学英文英语。要保重身体。

胡适公务繁忙，无暇照顾、管教孩子，而他的太太江冬秀因没有接受教育，对孩子，无论是养育还是管教，都不甚得法。儿子祖望在武汉大学上学，久不给家里写信，江冬秀曾写信说：

祖望：

你还不写信来给我，快写信来，你好好的读书，不听话我回来要打你呢。我出来带好东西给你。

1939年8月18日，胡适将大儿子祖望接到美国读书，就读康大工学院。不久后，胡适接到江冬秀的信，因上封信中江冬秀骂了祖望，胡适写回信时责怪她说：

你给儿子的第一封信，我看了之后，仔细想想，没有转给他。冬秀，你对儿子总是责怪，这是错的。我现在老了，稍稍明白了，所以劝你以后不要总是骂他。你想想看，谁爱读这种责怪的信？所以我把你信上关于他的朋友李君的事告诉他了，原信留在我这里。

我和你两个人都对不住两个儿子。现在回想，真想补报，只怕来不及了。

以后我和你都得改变态度，都应该把儿子看作朋友。他们都大了，不是骂得好的了。你想想看，我这话对不对？

高梦旦先生待他的儿女真像朋友一样。我现在想起来，真觉得惭愧。我真有点不配做老子。平时不同他们亲热，只晓得责怪他们功课不好，习气不好。

祖望你交给我，不要骂他，要同他做朋友。

你把这最后几段话给小三看看。

江冬秀抱怨祖望，实则是怀疑胡适身边一定有了别的女人，所以，把怨气发泄到儿子身上了。10月12日，胡适收到江冬秀的来信说："我想，你近来一定有个人，同你商量办事的人，天上下来的人。我是高兴到万分，祝你两位长生不老，百百岁。"

胡适看到信后苦笑不已，经过这次病痛的折磨，他对人生又添了几分感触。他当晚回信说：

我是孤零零的一个人，每晚上总是我一个人最晚去睡。自从去冬病后，每晚睡觉之前，总喝一杯热的俄勿廷，再吃一粒安眠药。厨子是天津人，他每晚上放两个热水瓶在床前，一瓶是冰水，一瓶是热的俄勿廷。今晚上家里有十三个客人，客散时已十二点，人都去睡了，只有我还在这里写家信给妻子申冤枉！到一点半才睡！

1940年12月17日，是胡适50岁大寿，安徽绩溪上庄村的乡亲们竟然集体给胡适定制了一方蓝底金字的匾额，悬挂于"胡氏宗祠"的正门上方，上书"持节宣威"四个大字，附识特别注明"驻美大使"的官衔。上庄村也在上匾的同时改名为"适之村"。由此可见乡民对这位驻美大使的敬仰之情。

这天，胡适收到江冬秀托人带来的小箱子。箱子里有新茶叶十瓶、夹袍一件、湘绣大小十块、绛色洋便袄、薄锦袍一件，丝袜一盒。

收到东西后，胡适心痛了。自己同江冬秀结婚20多年，虽然有远别离，但总是团聚少，别离多。这一次别离，已经有三年多。白居易的《琵琶行》中说商人重利轻别离，自己不是商人，这次出国，既不为名，也不为利，只为了在国家危难关头能尽绵薄之力。

奈何，七尺之躯，已许国，再难许卿。

江冬秀善良厚道，胡适赴美后，虽然自己生活异常艰难，但她仍然给家乡的学堂捐钱，给家乡生活困顿的人寄钱。深受感动的胡适在信中性情真流露：

今天有点凉，我把你寄来的红绛色便袄穿上。我觉得右边袋里有什么东西，伸手进去一摸，摸出了一个小纸包。打开一看，里面是七副象牙挖耳。我看了心里真有点说不出来的感情。我想，只有冬秀想得到这件小东西。

他耐人寻味地向江冬秀表白他的心迹：你信上说的"你要是讨了一个有学问的太太，不就是天天同你在一块，照应帮助你吗"，这话倒有点冤枉我了。我并不想讨个有学问的太太。

徽州女人在世人的记忆里是坚贞、隐忍、孝顺、沉默的化身，村中的孝女祠和村头的贞节牌坊时时提醒着她们一个徽州女人的标准与规则。江冬秀也是这种徽州女人，她孝顺，坚忍，伺奉公婆，也时时不忘回报故里。西谚云"妻子是男人'较好的一半'"，胡适的"较好的一半"是死心踏地的"相夫教子"，为他而生存，为他而服务；使他在学问上事业上横冲直撞而无后顾之忧。

身为一个平凡的女子，江冬秀别有一套人生观，这种人生观，可能算不上复杂，但它却是忠孝节义自成一体。她对胡适的感情，是建立在物质生活的基础上的，胡适的身体她照顾，胡适的物品她保护，千里迢迢为他送去一切生活用品……这样的质朴关怀，怎能不让胡适感动呢？

归去来兮

　　胡适搞外交，全无政客的深沉和韬晦，而是以"诚实与公开"的态度，赢得别人的理解和信任，所以，人们赞誉他为书生大使。据他的学生吴健雄博士说，她的美国朋友告诉她，"华盛顿政府上下人员"对胡适"都是崇敬备至"。王世杰也说，他亲见罗斯福给蒋介石的信上写有"于适之信赖备至"的赞语。他出任外交使节是半路出家，全无外交经验，正是凭借其学者风范和仁者品德，才受到美国朝野的尊敬。

　　1941年9月间，日本与美国在华盛顿开始秘密谈判。日本政府派野村与来栖两位大使为代表与美国国务卿赫尔在华盛顿谈判，在日本强大的压力下，美国似乎有了妥协之意，打算接受日方提出来的"临时妥协方案"。其主要内容是：日本从越南撤军，北方驻军限二万五千人，有限度地恢复日美通商，并让日本取得美国石油供应。此外美国必须停止对中国政府的一切道德与物质的援助。第二天，胡适与英国、澳大利亚、荷兰三国大使应邀前往会晤美国国务卿赫尔时，得知了"临时妥协方案"对中国极大不利的内容，立即向赫尔提出质问：北越驻军二万五千人，则滇缅公路有被占领之危险，而这个方案却并没有约束日本对中国本土发动进一步的进攻。赫尔当场并未表态，在场的三国大使也没有对"临时妥协方案"持反对意见。胡适立即申告重庆，请蒋介石定夺。蒋介石的答复是：不能退步！

　　11月24日，赫尔再度约见中英荷澳四国大使，出示"临时妥协方案"的美国定稿。胡适坚持异议，表示不容许日本在北越驻兵超过五千人，反对美国对日经济封锁有任何松动。其他三国大使则对美国定稿表示无异议。25日胡适代表中国政府再次向赫尔提出严重抗议，声色俱厉，赫尔为之动容，表示容再商议。于是胡适又去晋见罗斯福，表明中国的严正立场。同时英国首相丘吉尔也致电罗斯福，反对"临时方案"，表示中国一旦崩溃，必将危及英美之根本利益。26日赫尔终于通知胡适，美国政府决定取消这个与日本妥协的"临时方案"。同日赫尔向日本特使野村与来栖宣读了代表美国政府立场的《赫尔备忘录》，宣告了美日谈判的失败。中国、东亚与西太平洋的局面顿时又化险为夷。

12月8日上午，美国总统罗斯福在白宫召见胡适。一见面，罗斯福开口就说："胡适！那两个家伙（指日本特使野村与来栖）方才离开这里，我把不能妥协的话坚定地告诉他们了。你可以即刻电告蒋委员长。从此太平洋上随时有发生战争的可能。"胡适听了非常欣慰，向罗斯福表示感谢，随即告辞回馆。

午餐时，罗斯福又亲自打来电话，说："胡适！方才接到报告，日本海空军已经在猛烈袭击珍珠港！"胡适听到这个消息后兴奋异常，原来日本和美国谈判，是在释放烟雾弹。他当即用急电把这情况报告给了重庆政府，并说："这使我国民族松了一口气，太平洋局势大变了。"12月9日，中国国民政府发布文告，正式对日宣战。同日美国参众两院通过对日宣战决议。胡适咬牙苦等了几年的"苦撑待变"的好梦终于成真。而西方不少媒体都声称："美国终于被胡大使拖入了战争"；还有的说："罗斯福上了胡适的当。"

胡适在任外交大使期间，一直坚持的是"和比战难"和"苦撑待变"的外交理念。他解释说："苦撑"是尽其在我。"待变"是等待世界局势变到于我有利之时！现在的世界局势真的起了变化，变成如他所预言："太平洋上必有一度最可惨的大战。"他总结贯彻"苦撑待变"的方针时认为，必须奉行"无为主义"，即"无为不是不做事，只是不乱做事，不求立功"。

就在胡适为自己的好梦成真而欣喜万千的时候，一个人给他当头浇了一盆凉水，他就是宋子文。

12月23日，蒋介石提出调任外交部长郭泰祺任国防最高委员会外交专门委员会主任委员，由宋子文继任外交部长。

宋子文初来美国的时候，胡适正在美国名校巡回演讲，这也是胡适作为驻美大使的主要特色，他一方面刻意激起民众对日本的仇恨，一方面有意将美国引入对日本的战争。在日本人眼中，胡适的演讲活动已经构成了美日关系的一大威胁。而随着胡适名声的如日中天，美国的许多名校都以名誉博士学位相赠引以为荣。四年间，胡适竟领得 27 个荣誉博士学位。如此炫目灿烂，盛誉空前，确也是显山露水，令人眼馋。

宋子文刚一踏上美国的土地，便批评胡适："国内有人说你讲演太多，太不管事了。你还是管管正事吧！"

自从宋子文出任外交部长以来，胡适一度情绪低落。"太上大使"宋子文则横看竖看胡适都不顺眼，他在给蒋介石的电报中参胡适一本，说胡适在工作上不予配合，"长此以往，不但文不能尽职，有负委任，适之亦属难堪。唯有恳请毅然处置，迅予发表"。宋子文有恃无恐，几乎包揽所有的外交事务，而将胡适排除在外。一向怀有宽恕之心的博士，也有些愤愤不平了，他在日记中饶有意味地写道：

自从宋子文做了部长以来，他从不曾给我看一个国内来的电报。他曾命令本馆，凡馆中和外部，和政府，往来电报，每日抄送一份给他。但他从不送一份电报给我看。有时蒋先生来电给我和他两人的，他也不送给我看，就单独答复了（他手下的施植之对人说的）。

趁形势尚好，胡适决定急流勇退，辞去大使职，以打破目前尴尬难堪的局面。他立即给王世杰去信，表示既不做大使，也不做"中央研究院长"，因为"我舍不得北大，要回去教书"，"我要保存我自由独立说话之权，故不愿做官"。1941 年 12 月 24 日，他郑重其事地对宋子文说："郭泰祺来美时，我曾经告诉他，我不想干这种外交官的事。若有更动驻美使节的需要，我随时可走。现在你是我的老朋友、新上司。我也同样向你声明。如果政府要更动驻美使节,也请你千万不要迟疑。我随时可走。"

可是,蒋介石就是迟迟不发表新的任命,胡适仍然被干晾着,一晃就是半年多。他无所事事,只得离开大使馆到处演说,从美国的东海岸、西海岸到加拿大,行程一万六千多英里,演讲百余次,使中国抗战在美国人的心中深深地扎下了根。1942年年初,英国首相丘吉尔访美,他便"发现中国在相当多的美国人的心目中,有极其重要的地位,甚至在上层也是如此"。为此,他愤愤不平地埋怨道:美国人竟然"把中国看作几乎同大英帝国相等的参战大国"了。

1942年8月15日,蒋介石发来拟免其大使职务的消息,胡适当即回电:"蒙中枢垂念衰病,解除职务,十分感激。"18日,胡适交卸职务完毕,即离开华盛顿,却并未离开美国,而暂居纽约。

胡适卸任大使的消息传出后,美国《纽约时报》表示惊奇和遗憾,发表评论说:"重庆政府寻遍中国全境,可能再也找不到比胡适更合适的人物了。"又说:"美国朋友对他期望至高,而他的实际表现又远超过大家对他的期望。他所到之处,都能为自由中国赢得支持。对于他的去职深感遗憾尚不足以表达我们的心意。"

胡适看不惯这个"太上大使",曾在日记中这样写道:"如此自私自利的小人,任此大任,怎么得了。"他说这话却掺了很多感情因素在里面。宋子文对胡适大加排斥,可能源于他对中国知识分子"平日束手谈心性"的固执成见,但不可否认的是,他任外交部长之后,在国事方面颇有建树。

宋子文初来美国就为蒋争取美援,第一次获1亿美元借款,第二次签订租借协定,获5亿美元借款。他与美国国务卿赫尔签署的《中美租借协定》,为中国无偿获得美国大宗军事援助提供了充分的法律依据。他还争取到500万英镑的英国平准基金。他频繁活动欧美各大国寻求支持和帮助,促使有关国家对日本侵略扩张的后果有了较全面的认识,无疑有益于中国的抗日事业。

他还成了美国《时代》周刊的封面人物。在"中国的宋子文"的称谓下面,

《时代》用了这样一句说明："通往胜利的路在峭壁之上！"在介绍这位封面人物的教育背景时，《时代》明确指出："被委以重任挽救中国的这位中国人，既是亚洲人，也更像一个美国人，或者说他可能希望能做到这样。"

1931年"九·一八"事变爆发之后，宋子文主张立即抗日，遂与蒋介石发生了自1927年以来最大的冲突。宋子文对日本侵略满洲和热河，发表了最直言不讳的讲话。蒋介石认为中国还没有做好全面抵抗的准备。宋子文则主张立即对日作战。从此，两人反目，蒋介石也一直不把他当家人对待。

"外界于我之毁谤，毫不在乎；为国家民族之责任，淡然处之。"这就是宋子文。

重回北大

胡适卸任大使移居纽约后，许多朋友劝他不必急于回国，希望他留在美国大学里教书。然而，胡适这时却又提不起精神来教书，虽然有许多大学来聘请他，但都被他谢绝了。他买了许多古籍，于是随心所欲地东摸摸、西瞧瞧，在一故堆纸里打转儿。有时心血来潮想动手写他的后半部书——《中国思想史》，但这位"上卷先生"最终没能实现他的这一梦想。

1943年11月5日，当时在美国国会图书馆工作的王重民写信给胡适说，他近来遇到　部校本《水经注》，因审阅此本而想到"赵戴"、"仝赵"两公案，在写其善本书目提要时，不觉写成了一篇五六千字的跋语，向胡适请教。

胡适阅读了他的文章，便作一长函答复他说：

我一生不曾读过《水经注》，偶尔检查则有之，但不曾读过全书。因此我对于戴、赵、全诸家校本公案，始终不曾发一言。

前几年，当孟心史（即孟森）的文章发表后，我曾重读静安先生的《戴校水经注跋》。那时我觉得此案太离奇，多不近情理之处，其中也许有别情，为考据家所忽略……

我久想将来搜集此案全卷，再做一次审问，以释我心中的疑惑。我并不想为戴氏洗冤，我只想摆脱一切成见，以求满足我自己"求真实"与"求公道"的标准。

之后这位"考据癖"就被这《水经注》迷住了，他走火入魔般地投入了《水经注》的研究当中，为了这项浩繁的工程，他耗费了后半生十七八年的时间，竟无法自拔了。

抗战胜利前夕，美国总统罗斯福因脑溢血去世，无论是在华盛顿，还是在纽约，到处都播放着丧礼进行曲。胡适思绪万千，想到自己三年前即将离任时，赶赴太平洋作战会议的罗斯福还抽空接见自己。对于一个离任的人，还能受到这样的优待，胡适感动不已，他在日记中写道：

他比威尔逊总统做得更好，而威尔逊是我很崇敬的。罗斯福有一种个人的魅力，这似乎是威尔逊所欠缺的。

抗战胜利后，原北京大学校长、西南联合大学两校长之一的蒋梦麟出任国民政府行政院秘书长。清华的梅贻琦、南开的张伯苓各归各位。因蒋梦麟任行政院秘书长，根据北大做官不能兼北大校长的组织法，胡适做北大校长的呼声忽然高了起来。

1945年9月6日，未经本人同意，任命胡适为北大校长的令文正式发布，在胡适归国就任前，由傅斯年代理北大校长一职。傅斯年致电胡适说："北大复校，先生继蒋梦麟先生，同人欢腾，急盼早归，此时关键甚大，斯年冒病勉强维持一时，恐不能过三个月。"傅斯年接手北大后，开始雷厉风行地为北大复兴作全面准备，他告诉夫人俞大采："大批伪教职员进来，这是暑假后北大开办的大障碍，但我决心扫荡之，决不为北大留此劣迹。是在说这样局面之下，胡先生办远不如我，我在这几个月给他打平天下，他好办下去。"

在各方面的劝说下，胡适欣然允就此任。江冬秀在上海闻听此事后，也分外欢喜，但她对胡适回国当校长却不感兴趣，她说："报上知道你决定接北大事，我是万分高兴回北平去住，但是你做校长，我有点不赞成。"

就这样，在美国待了八年八个月零八天后，胡适离开了这片土地，启程回国。

6月16日归国途中，胡适忽然想到当天是自己的小儿子思杜大学毕业的日子，同时，这一天正是美国的父亲节，便在船上给思杜打了一个致贺的电报："祝贺！不管今天发生了什么事情，我的爱都与你同在。父字。"

当晚就下了一场大雨，第二日雨过天晴，海上晚霞绮丽妖艳，是胡适平生所少见。仔细想想，差不多有九年没见到祖国的落日明霞了！

第七章 无处安放的灵魂

未名湖畔，一声叹息

  有人用"一塌糊涂"来形容北大，的确恰当之极。博雅塔、未名湖和图书馆，这"一塔湖图"构成了北大最亮丽的一道风景线。

  有人说，"北大的空气都养人"。北大不仅仅是一所学校，而且是一座巍巍的高山，需要驻足仰望。北大的湖不少，但哪一个都不如未名湖的名气大。未名湖不只是一泓湖水，而是一片辽阔的大海。在未名湖的石舫或是静园的草坪上，到处都飘散着浓郁的书香。

  在湖那一方稳立岸边的高塔正是仿古建筑——博雅塔。当年极度缺水，燕京大学的师生们就在此处挖了一口井以取水，想不到井挖好后，井水不断地往外喷，最后没办法，只好在井的上面造了现在的这座白塔。有趣的是，塔一造好，水也就不喷了。此塔是仿北周时通州的燃灯塔而造，由美国人博氏捐款建成，所以谓之曰"博雅塔"。

  而今未名湖与湖畔的博雅塔早已成为人们心目中北大的标志。就自然风光而言，博雅塔与未名湖的确是相映成趣，不失为北大最靓丽的景观。它们既有年代久远的深沉，又有青春年少的俏丽动人。秋风吹过，未名湖中荡起层层涟漪，博雅塔颀长美丽的倒影在水波里不断摇曳，湖光塔影，风景美不胜收。

古塔披霞，湖光盈盈，泛起了点点历史遗迹。

当年就是在这里，北大的学子们高举"热烈欢迎胡校长！""要求学术自由与思想自由！"等标语庆祝北京大学开学典礼。刚回国不久的胡适登台发表了就任北大校长后的第一次公开演讲，他首先向全体师生们说出了自己的"一点小小的梦想"：就是要把北大变成一个"成样子的学校"。方向有二："一，提倡独立的创造的学术研究；二，对于学生要培养利用工具的本领，作一个独立研究、独立思想的人。"胡适解释说："你们大门上贴着欢迎我的标语，要求自由思想，自由研究，为什么我要你们独立，而不说自由呢？要知道自由是对外面的束缚而言，不受外面势力的限制与压迫，这一向正是北大的精神。而独立是你们自己的事，不能独立，仍然是奴隶。学校当然要给你们以自由，但是学校不能给你们独立，这是你们自己的事。"因此，胡适大声呼吁："我是一个没有党派的人，我希望学校里没有党派，即使有，也如同各种不同的宗教思想信仰自由一样，不管你是什么党派，学校是学校。我们没有政治的岐见，但是先生与学生要知道，学校是作人作事的机关，不要毁了这个再过多少年也不容易重建的学术机关。"最后，胡适将南宋思想家吕祖谦《东莱博议》上的两句话"善未易明，理未易察"赠送给大家，勉励大家养成独立思考与不轻信、不盲从的求知习惯。

1947年夏天，胡适写信给白崇禧和陈诚，提议在北大集中全国研究原子能的第一流科学家，专心研究最新的物理学理论与实践，使中国在物理学一门可以很快达到世界先进水平，并着眼训练青年学者，以为将来国之大用。他亲自联系了钱三强、何泽慧、胡宁、吴健雄等九人，这九人"皆已允来北大"。

与此同时，他又到中华教育文化基金会去活动，得到善款25万美元，作为几个大学的复兴经费：北大10万，中大、武大、浙大各5万。当时北大决定不分散此款，把它全分给物理系，作为建立现代物理学之用。但由于国内形势急转直下，国民党步步落败，胡适的科学计划很快就落空了，一幅中国核物理起步与发展的梦想蓝图最终化为流水。胡适后来回忆说:"不幸这个好梦丝毫没有实现,我就离开北大了。1949年2月我打电报问大猷此款已花了多少,买了多少东西。回电说,因为计划很周到,10万元尚未动用。我就把这10万元还给中基会了。"

1947年8月,胡适到南京出席中央研究院院士选举筹委会,在会上他向蒋介石提出了"十年教育计划"的主张,但蒋介石未置可否。回来后胡适撰写了《争取学术独立的十年计划》一文,宣布"中国的高等教育应该有一个自觉的十年计划,其目的是要在十年之中建立起来中国学术独立的基础"。胡适认为学术独立必须有四个条件:一、世界现代学术的基本训练,自己大学能解决,不需要求助外国。二、受了基本训练的人才,国内应该有设备和师资,可做继续研究。三、本国需要解决的科学问题,如工业、医药与卫生、国防工业等问题,在国内应该有专门人才与研究机构,帮助社会与国家求得解决。四、对于现代世界的学术,本国学人与世界各国学人分工合作,共同担负发展科学的责任。为达到此目标,需及早准备一个良好的基础,故而他提出:"中国此时应该有一个大学教育的10年计划,在10年之内,集中国家的最大力量,培植5个到10个成绩最好的大学,使它们尽力发展它们的研究工作,使它们成为第一流的学术中心,使它们成为国家学术独立的根据地。"其次,他还提出需要改革教育制度,其中包括"大学"观念的改变。他说:"今后中国的大学教育应该朝着研究院的方向去发展,凡能训练研究工作的人才的,凡有教授与研究生作独立的科学研究的,才是真正的大学。凡只能完成四年本科教育的,尽管有十院七八十系,都不算是将来的最高学府。"胡适深信,有了这五个十个最高学府做学术研究的大本营,十年之后,中国必可以在现代学术上得着独立的地位。

9月23日,北大为讨论"十年计划"召开教授会,到了教授大约百余人。胡适作了两个多钟头的演讲,回家后胡适悲愤地在日记中写道:"这样的校长真不值得做!大家谈的想的都是吃饭!向达先生说的更使我生气。他说:'我们今天愁的是明天的生活,哪有功夫去想十年二十年的计划?十年二十年后,我们这些人都死完了。'"1946年到1947年,由于通货膨胀,胡适当北大校长的薪水从28万元一下上调到近一百万元,而折合成美金的实际价值却缩水为原来的三分之一。当时有记者到北大采访胡适,问他私人生活怎么样。他回答说:"我的薪水不够用,虽未在校内透支借薪,但几个银行的朋友可以让我立透支户头,但亦得设法还债。"堂堂北大校长的生活尚且如此拮据,其他教职工的生活状况就可想而知了。胡适苦闷地说:"教授们吃不饱,生活不安定,一切空谈都是白费。"由此可见,计划再周详,没有经济基础也是没有什么用的。胡适呕心沥血的十年计划只能是空中楼阁,可望而不可即。

随着国内局势的进一步恶化,学生运动也此起彼伏,北平的学潮以北京大学为重要中心,更是来势不凡,也弄得胡适校长应付不暇,处在既不敢得罪政府又不能对不起学生的两难境地。他通过书信、言谈等方式数度语重心长地向年轻人强调:"悲观是不能救国的,叫喊是不能救国的,责人而自己不努力是不能救国的。因为今日的苦都是从前努力不够的结果,所以将来的拯救没有捷径,只有努力工作,一点一滴的努力,一尺一寸的改善。"

北大学生同政府发生了冲突,有一名学生失踪,怀疑是当局非法逮捕,人权保障委员来到胡适家,请他出面营救。胡适无可奈何地说:"我只不过是纸老虎,纸老虎随时会被戳破的,你们同学不要以为从我这里能得到什么保障,其实一点屁的保障也没有,将来大家扯破了脸抓人,我没有办法的。"

胡适在为学生罢课游行的事不堪重负,蒋介石却数度请他出任国府委员会兼考试院长。对此,胡适明确表态:"我因为很愿意帮国家政府的忙,所以不愿意加入政府。蒋先生的厚意,我十分感谢,故此信所说都是赤心的话。我在野——我们在野——是国家的、政府的一种力量,对外国,对国内,都可以帮政府的忙,支持它,替它说公平话,给它做面子。若做了国府委员,或做了一院院长,或做了一部部长⋯⋯结果是毁了我30年养成的独立地位,而完全不能有所作为。结果是连我们说公平话的地位也取消了。——用一句通行的话,'成了政府的尾巴'！"他几次面见蒋介石，请求蒋介石容许他留在北大为国家做点有用的事，他说："我愿意做五年或十年的北大校长，使学校有点成效，然后放手。此时放手，实无以对北大同人，亦对不住自己。""北大此时尚在风雨飘摇之中，决不许适离开，道义上适亦不愿离开北大。"

一日，胡适从蒋介石家辞出，蒋介石送胡适到门口，问："胡太太在北平吗？"胡适回答说："内人临送我上飞机时说，'千万不可做官，做官我们不好相见了！'"蒋介石听罢微微一笑说："这不是官！"

几日后蒋介石再次邀请胡适和傅斯年吃饭。饭前，蒋介石约胡适谈了片刻。蒋介石又劝胡适去美国做大使。胡适不敢当场拒绝，只说自己考虑些时日。蒋介石说："如果国家不到万不得已的时候，我决不会勉强你。"

胡适听了，很受感动，出来后对傅斯年说："放学了！"

北大可能要真的放学了，当时大学里正是"教授教授，越教越瘦"的年月，并不断出现罢教、罢研、罢课的斗争，胡适虽是一校之长，却也无能为力。他不住地吟诵着初任北大校长时写的一首诗：

为他起一念，

十年终不改。

有召即重来，

若亡而实在。

胡适对北大的情谊，是深植于心的，离开北大，胡适的生命就缺失了一大半。

忽值山河改

1948年3月，国民党准备正式召开"行宪国大"第一次会议，组织"宪政"意义上的第一届政府，并通过选举产生行宪后的第一任大总统及副总统人选。胡适在报上看到李宗仁愿意承当副总统候选人的新闻，深感欣慰，于是写信给李宗仁，表示自己的赞赏和支持："我从前曾做《中国公学运动会歌》，其第一章说，健儿们，大家上前，只一人第一，要个个争先，胜固可喜，败也欣然。健儿们大家向前。此种'只一人第一，要个个争先'，此意出于《新约》保罗遗札。第一虽只有一个，还得要大家加入赛跑，那个第一才是第一。我极佩服先生此举，故写此短信表示敬佩，并表示赞成。"不多久，李宗仁的回信就到了，只是这回信有点让胡适哭笑不得，李宗仁用胡适的话反过来劝导胡适自己："昨天北平《新生报》登载南京通讯《假如蒋主席不参加竞选，谁能当选第一任大总统》一文中，有先生的名字。我以为蒋主席会竞选，而且以他伟大人格与崇高的勋望，当选的成分一定很高。但我觉得，先生也应本着'大家加入赛跑'的意义，来参加大总统的竞选。此次是行宪后的第一届大选，要多些人来参加，才能表现民主的精神。参加的竞选人除了蒋主席之外，以学问声威望，先生不但当仁不让，而且是义不容辞的。"

李宗仁此言并非空穴来风，美国总统杜鲁门在"美国对华政策问题"的谈话中，明确表示希望自由主义分子能够进入国民政府，暗示了前驻美大使胡适才是美国方面比较认可的有望力挽狂澜的总统人选。而蒋介石由于党内派系斗争及宪法上有约束总统的条文，自己也不愿意当总统，也有请胡适出任总统之意。为此，蒋介石曾派王世杰去劝说胡适，希望他出来竞选总统，蒋介石表示愿意做一个有实权的行政院长。3月30日王世杰到胡适住所传达蒋介石的意图。

据王世杰回忆说:"当时还怕走漏了消息,在家里不敢讲,在汽车上也不敢讲,一直把他载到中山陵旁的路上,下了车坐在草地上才把这个事告诉他的。"在谈话中,王世杰传达蒋介石的原话说:"请适之先生拿出勇气来。"胡适回答说:"我实在无此勇气!"王世杰说:"我与他商谈了三天,他认为他的身体健康不能担任这么大的责任,还是由蒋先生自己担任的好。蒋先生听了以后,再要我前去劝促,最后胡先生经过郑重考虑之后终于答应了。之后蒋先生听了胡先生的话很高兴,当即向党内同志展开说服工作。蒋先生曾为这件事作了很大的努力,但仅仅说服了吴稚晖和罗家伦两位先生。"

然而,不到24个小时,胡适便反悔了,4月1日,他找到王世杰,宣布:"我仔细想过,最后还是决定不干。昨天是责任心逼我接受,今天还是责任心逼我取消昨日的接受。"

王世杰向蒋介石传达了胡适的原话,蒋介石却把其当成胡适在愚人节开的一个玩笑。两天后,蒋介石再次约见胡适,并告诉他,在现行宪法的束缚之下,总统一职只有表面的尊容风光,实质上却是个虚职,而国家最高行政权是在行政院,因此他自己要作掌握国家实权的行政院长,而让胡适来当一个挂名的总统。若是胡适不愿,那么就二者交换,蒋介石仍当总统,由胡适任行政院长。

结果这个总统候选人还是蒋介石,后来国民党修改了刚通过不久的宪法,加大总统特权,使其在特定时期有紧急处置之权,这样蒋介石就不再推辞了。4月8日蒋介石约胡适吃饭,蒋介石特地向胡适致歉说他的建议是在牯岭考虑的结果,不幸党内没有纪律,他的政策行不通。胡适答道:"党的最高干部敢反对总裁的主张,这是好现象,不是坏现象。"后来蒋介石再三表示,希望胡适出来组织一个政党。胡适对此不感兴趣,他说:"我不配组政党,但可以提一个建议:国民党最好分化作两三个政党。"蒋介石微微一笑,并未言语。

4月16日,胡适与吴敬恒、于右任、张伯苓等二百余人发起签署提名蒋介石为首届总统候选人。4月19日,蒋介石如愿以偿地当上"中华民国第一任大总统"。十天后,李宗仁当选为副总统。

几个月后，内外交困、疲惫不堪的胡适向教育部长朱家骅写信，表示自己不想再当北大校长。10月28日，胡适应蒋介石之邀在总统官邸吃晚饭，谈到当前局势，胡适"很质直地谈了一点多钟的话，都是很逆耳的话"，要政府"必须认错，必须虚心""必须承认失败"，而蒋介石也"很和气地听受了"。对此，当时的报纸上登出了这样一句话："文化走在政治前面，学者走在政府前面，政府才能革新，政治才有进步。"

12月初，北平已被解放军团团围住，但胡适却安之若素，每天照常到校办公。12月13日还为北大50周年校庆特刊撰写了《北京大学五十周年》一文。

与此同时，蒋介石派陈雪屏到北平劝胡适早点离开，并指定由陈雪屏、蒋经国、傅斯年三人小组具体负责。

胡适成了北平第一号需要接回南京的人物。

14日早晨，胡适还没有出门，忽然接到陈雪屏从南京打来的电话，说："北平的城防一天一天的接近，不如早点离开！"胡适表示外寇来时可以撤退，现在是内战，自己不能丢开北大不管。当天，蒋介石两次亲自打电报催促胡适飞南京，并声称已派出专机来北平实施紧急抢救计划。

胡适等到中午，却没有等到飞机来，他指着天说："看这样青天无片云，从今早到现在，没有一只飞机的声音，飞机已不能来了。"当晚胡适表示，如果明天再走不成，就决定不走了。不料到了半夜，傅作义亲自打电话给胡适说："总统已有电话，要你南飞，飞机今早8点可到。请做好准备。"胡适在电话里告诉他不能同他留守北平的歉意，傅作义很能谅解。

第二天上午八点，胡适夫妇到勤政殿，总部劝他们等待消息，一直等到下午三点多才到南苑机场，只有两架飞机停在那里，等待起飞。

胡适一手提着一只装了几册正在勘校的《水经注》稿本和他最珍爱的十六回残本《甲戌本脂砚斋重评石头记》的小提包，一手拉着夫人江冬秀的手上了飞机。

儿子胡思杜留在北平图书馆工作，没有同行。

当晚六点飞机在南京明故宫机场降落，前来迎接的有王世杰、朱家骅、蒋经国、傅斯年、杭立武等人。入城后住在教育部准备好的赤峰路一座招待所里。

胡适到南京的第二天是北大校庆纪念日，这天下午，他应邀出席当地北大校友会举办的"北大五十校庆大会"，并在会上讲了话。他说："我绝对没有梦想到今天会在这里和诸位见面，我是一个弃职的逃兵，实在没有面子在这里说话。"言罢痛哭流涕，悲怆不堪。

1949年阳历除夕，胡适和傅斯年在一起度岁，对着滚滚而去的长江，心中一片凄然。两人一边喝酒，一边背诵着陶渊明的《拟古》诗第九首：

> 种桑长江边，三年望当采。
>
> 枝条始欲茂，忽值山河改。
>
> 柯叶自摧折，根株浮沧海。
>
> 春蚕既无食，寒衣欲谁待。
>
> 本不植高原，今日复何悔！

抚今思昔，心中已被愁苦填满，哪里还有辞旧迎新的兴致？

1月21日，胡适送妻子江冬秀和傅斯年妻子俞大采同去台湾。当时傅斯年已经被国民党教育部委派为台湾大学校长。而恰好是这一天，蒋介石发布文告，宣布下野。

3月22日，胡适与傅斯年一起到台湾，安置家属，29日返回上海。

4月1日，胡适与儿子祖望应邀到老乡胡洪开家里吃饭。饭后，父子两人也分了手。祖望从台湾去了泰国，并于当年10月1日在曼谷与四川姑娘曾淑昭结婚，后迁居台北。

清明节后的第二天，胡适登上了前往美国的"克利夫兰总统号"邮轮，驶向了茫茫大洋。

从此，他再也没有踏上这块生他养他的土地。

你也在这里吗

于千万人之中，遇见你要遇见的人。于千万年之中，时间无涯的荒野里，没有早一步，也没有迟一步，遇上了也只能轻轻地说一句："哦，你也在这里吗？"

张爱玲写下这句话的时候，可能已经忘了初次见到胡适的惊愕。

面对早已声誉远播海内外的胡博士，张爱玲不禁感叹：原来胡适之这样年轻！

1954年，张爱玲给这位神往已久但从没谋面的博士寄来《秧歌》一书，并附上一封短柬；胡适认认真真地回了一封长信，对《秧歌》做了细致的品评。信中说："你这本《秧歌》，我仔细看了两遍，我很高兴能看见这本很有文学价值的作品。你自己说的'有一点接近平淡而近自然的境界'，我认为你在这个方面已做到了很成功的地步！"

这样的评价让张爱玲有些受宠若惊，更坚定了她要与这位心中的"神明"谋一面的想法。1955年11月，张爱玲乘坐"克利夫兰总统号"抵美。这艘传奇的邮轮应该被写进历史的，在那个风云变化的年月里，它不知把多少中国名人运往了美国；同样，也不知把多少中国名人运回了祖国。

来美国不到一周，张爱玲就迫不及待地拉上好友炎樱一起去拜访胡适。

一排白色水泥方块的房子，门洞里现出楼梯，完全是港式的公寓房子。

上了楼，室内陈设很简陋也很熟悉，就是那种中国味道十足的堂屋，一律的漆木红亮桌椅、古香古色的纹图花瓶，让张爱玲有点恍惚，仿佛自己还在香港。

在张爱玲的记忆中，江冬秀"端丽的圆脸上看得出当年的模样，两手交握着站在当地，态度有点生涩"。待到张爱玲介绍了自己的家世后，胡适才知道，这位一直对自己推崇有加的年轻作家居然是张幼樵的孙女。

等张爱玲第二次到胡适寓所拜访时,胡适告诉她,自己的父亲胡铁花曾与张幼樵有过一段渊源。张爱玲参观了胡适的书房,整个一面墙上是一溜书架,几乎高齐屋顶,造型简单,但似乎是定制的。可是这书架不是放书的,全是一叠叠的文件夹,多数都乱糟糟地露出一截纸。

这是胡适花了多年心血考据的《水经注》,这次来美国定居,他身无长物,只带来这一摞纸。他下定决心:一拒绝万元年薪,决不在美国教书;二拒受高额"宣传费",决不做国民党的官。来美国的第二年,他将老妻江冬秀也接到美国团圆。

没有了固定收入,两人的生活未免显得有些拮据。他们居住的公寓已经破旧不堪,仅能遮风挡雨。朋友们曾劝他买所房子,胡适回答道:"我确实没有力量买房子,而且我的'家'太小,用不了一所房子。况且胡适之买房子是要挨骂的。"两人的日子虽不太惬意,倒也自得其乐。胡适的学生唐德刚回忆说:先生的公寓依然是四壁图书,不精致而亲切,一派中国学者风度。若依先生声望,居处应远比这讲究,至少应有一个用人以作杂务。然而在美国不是百万富翁,没人用得起"下女",所以二老赁屋而居,一切自理。夫人打扫厨房,先生便净桌放筷,饭后又把饭菜撤回厨房,随手带来抹布,拭几擦桌,事必躬亲。夫人送茶给客人,带来一杯给先生,他便连声道谢:"磕头磕头",而且不是谦虚,真的是欠起身来。在同客人的谈话中间,偶有触发便告个罪,走近厨房把客人的来由和有趣的谈话相告细君,真是亲切如夫妻,相敬如宾客,中西风味、二者兼备,融会贯通,老而弥淳。

在国内名声若日月的他,在纽约竟也学会了种种家务劳动,桑榆向晚,面对凄清困窘的现实,他向唐德刚叹道:"年轻时要注意多留点积蓄!"

胡博士终于为五斗米折腰了。

1950年5月,胡适受聘普林斯顿大学葛思德东方图书馆馆长职务,期限两年。名义上是馆长,其实图书馆加上胡适仅有两人而已。然而胡适却当葛思德为"古董仓库",里面不仅有世界上唯一一套直接从手稿本抄录下来的赵一清《水经注释》手抄本二十册，还有《乾隆诗全集》共四百五十四卷，四万两千多首；并藏有中国珍稀医书五百多种以及"八百年佛经雕刻史"的资料。以胡适之偌大的名声，屈尊一个校图书馆馆长，无非是看中了这座"古董仓库"对自己学术研究的价值。

胡适在这两年任期内，对这些中国书籍进行研究整理，写了许多考证文章。后来他搞了一次题为"11世纪的中国印刷"的展览会，借以宣传中国文化。他亲自撰文介绍，展览轰动一时。胡适离职后，普林斯顿大学仍聘他为图书馆终身荣誉馆长。

1950年12月17日，北大52周年纪念，也是胡适60岁的生日。这天，在台湾的傅斯年发表演说："我的学问比不上胡适之先生，但我办事却比胡先生高明……"下了台，蒋梦麟笑着对他说："孟真，你这话对极了。所以他们两位（另一位指蔡元培）是北大的功臣，我们两个人不过是北大的功狗。"说罢两人相视大笑。

这是傅斯年最后一次公开演说，三天后，傅斯年猝然逝世。胡适听闻后悲痛不已，在日记中写道：

国中今日何处能得这样一个天才最高的人！他对我始终最忠实，最爱护。他的中国学问根柢比我高深得多多，但他写信给我，总自称"学生斯年"，三十年如一日。

胡适和傅斯年亦师亦友30年，傅斯年虽然在第一次听胡适讲课时，把胡适问得头冒冷汗，但在此后的日子里，傅斯年却很维护胡适，一直敬重甚至保护着胡适。

胡适在写给傅斯年的悼文中说："若有人攻击我，孟真一定挺身出来替我辩护。他常说：'你们不配骂适之先生！'意思是说，只有他自己配骂我。"

傅斯年个大且体胖，性格暴躁，1938年担任国民参政员的时候，因为中医问题，他与孔庚激辩，孔庚辩不过傅斯年，但又不甘败下风，便当众辱骂了傅斯年，气得傅斯年也说："你侮辱我，会散之后我要和你决斗。"散会后，傅斯年果真拦在了门口，但他看到已古来稀的孔庚身体那么瘦弱时，立马将双手垂了下来，说："你这样老，这样瘦，不和你决斗了，让你骂了罢！"

他对自己的胖的辩词，更是精辟。一次罗家伦问他："你这个大胖子怎么能和人打架？"傅斯年答："我以体积乘速度，产生一种伟大的动量，可以压倒一切！"

1950年12月20日，傅斯年在台北台湾省议会席上答复议员郭国基的询问后，突发脑溢血去世。"参议会副议长"李万居对外宣布："傅先生弃世了。"这位李议长的国语不太标准，以致让一些记者把"弃世"听成了"气死"。议员郭国基以盛气凌人著称，因此这个消息如同一枚炸弹在台大的学生中炸开了。台大的学生纷纷打着"痛失良师"的旗帜，围攻了"省参议会"，要收拾郭国基。可见他在学生中的威望。

在如今的台大校门右侧，有一块空地叫作"傅园"，"傅园"就是傅斯年的墓地。

1954年冬天，胡适专门去看望在87街职业女子宿舍的张爱玲，这是年轻的女作家始料未及的。

对于这次见面，张爱玲刻骨铭心，多少年后，她的文字中还流露出平淡而又深情的记忆：

我送到大门外，在台阶上站着说话。天冷，风大，隔着条街从赫贞江上吹来。适之先生望着街口露出的一角空蒙的灰色河面，河上有雾，不知道怎么笑眯眯的老是望着，看怔住了。他围巾裹得严严的，脖子缩在半旧的黑大衣里，厚实的肩背，头脸相当大，整个凝成一座古铜半身像。我忽然一阵凛然，想着：原来是真像人家说的那样。而我向来相信凡是偶像都有"黏土脚"，否则就站不住，不可信。我出来没穿大衣，里面暖气太热，只穿着件大挖领的夏衣，倒也一点都不冷，站久了只觉得风飕飕的。我也跟着向河上望过去微笑着，可是仿佛有一阵悲风，隔着十万八千里从时代的深处吹出来，吹得眼睛都睁不开。那是我最后一次看见适之先生。

赫贞江目睹了这次别离，却又将它掩入滚滚的泥沙之下。在这个热闹的河岸边，每天都有故事发生，每天都有人要离别，有谁还会记得曾经在这儿眺望碧波湖面的忘年交呢？岁月是写不完的殇，每一段殇都无可回避，年轻的作家也深陷其中，逃不出这个轮回的怪圈。就像她那铅华而伤感的文字：

回忆这东西若是有气味的话，那就是樟脑的香，甜而稳妥，像记得分明的快乐，甜而怅惘，像忘却了的忧愁。

第八章 曲终

怕太太轶事

小脚女人江冬秀与留洋博士胡适的婚姻，被称为民国七大奇事之一。而胡适的学生罗尔刚却说："我处胡家五年，我却常常感到，假如适之师夫人是个留学美国的女博士，我断不能在胡家处五年。"

时光不可倒流，人生也不可重来。我们不能确知胡适与知识水准相当的女子结合就一定幸福或一定不幸福。然而胡适与江冬秀的婚姻的确是幸福的。就连张爱玲也不得不感叹："他们是旧式婚姻罕有的幸福的例子。"

有一次，一位朋友从巴黎寄来 10 枚铜币，上面铸有"P·T·T"的字样，这使他顿生灵感，说这三个字母不就是"怕太太"的谐音吗？于是，他将铜币分送朋友，作为"怕太太协会"的证章，还说自己可以当"P·T·T协会"会长。

关于怕老婆，胡适还自创了著名的"三从四德"：太太出门要跟从，太太命令要服从，太太说错了要盲从；太太化妆要等得，太太生日要记得，太太打骂要忍得，太太花钱要舍得。

有人认为胡适没出息，是典型的"妻管严"，胡适对此也不辩解，只说他与江冬秀结婚是"占了便宜的"。

晚年江冬秀不在身边的时候，胡适一日清晨发现早餐备有皮蛋，忽然想起在北京的时光，回忆说："从前在北京的时候，夜里总是睡得很晚的。我的太太往往剥一个皮蛋放在小碗里，旁边摆一些酱油醋。其实我是不大吃酱油或醋的。工作到肚饿时，就吃一个皮蛋。有时太太预备好两个生鸡蛋，旁边放个热水壶；要吃时，先把鸡蛋放在开水里泡五六分，半生不熟的吃了。"

胡适怀念的，还有江冬秀一手张罗的"一品锅"。"一品锅"是徽州名菜，相传乾隆当年微服南巡，由九华山去徽州府途经上庄，见天色已晚，便进一农家借宿。淳朴的村妇热情接待，将白天剩余的菜肴，按先素后荤的顺序，逐层铺在一口两耳铁锅内热后端上。乾隆及随从饥肠辘辘，吃得津津有味。乾隆一边赞不绝口，一边问此菜何名。村妇随口答道："一锅熟。"乾隆嫌其名不雅，略作思索后赐名"一品锅"。

胡适云游海内海外，始终与徽菜"一品锅"结伴。每逢贵客上门或宴请同乡好友，必让太太做"一品锅"。梁实秋在胡适家中吃过胡太太亲手做的"一品锅"后，著文回忆道："一只大铁锅，口径差不多有二尺，热腾腾地端上了桌，里面还滚沸，一层鸡，一层鸭，一层肉，一层油豆腐，点缀着一些蛋皮饺。紧底下是萝卜、青菜，味道好极。"

江冬秀没有读过太多的书，更没有受过高层次的正统教育，也就没有一般知识女性所固有的复杂心理以及斤斤计较的小心眼儿。唐德刚在《胡适杂忆》里回忆江冬秀时这样写道："胡老太太向来未叫过我什么'密斯特'或'先生'。第一次见面，她对我就'直呼其名'。几次访问之后，我在她的厨房内烧咖啡、找饼干……就自由行动起来。"

在胡适眼中，江冬秀性情和善大度又不乏幽默。一次叶公超教授到胡适家来，一进门就叫嚷，"皮带忘带了"，江冬秀笑着说："找条麻绳给你吧。"江冬秀一句脍炙人口的名言是："适之造的房子，给活人住的地方少，给死人住的地方多。这些书，都是死人遗留下来的东西。"话虽这样说，但到了关键时期，江冬秀却毅然决然地做起了"护书大使"，将那些"死人遗留下来的东西"

——作目录，保存完好，并将大量书籍、日记、书信、文稿历经艰难辗转运到美国，未尝有一页遗失。就连韦莲司都不禁对胡适赞叹说："我一直景仰着你的太太，她把你的藏书照顾得那么好！还有她对你的忠贞。"

江冬秀喜欢打麻将，除露一手烧徽州菜、指挥用人干活外，就无限制地战"围城"，从北平搓到战时上海，战后又搓到北平，再搓到纽约，战线绵延她的大半生。

一次北大校长蒋梦麟邀请胡适去做证婚人，那时他离了原配太太，要迎娶陶曾谷女士。胡适欣然应允了，当晚显得很高兴，刮了胡子换上西装，跟自己要结婚一样。江冬秀看着生气，不让胡适去，指着他的鼻尖说："你要去证这个婚，你就别想回来。"胡适苦苦哀求，江冬秀就是不允，乘着胡适不注意，从口袋里掏出钥匙，啪嗒一声锁上大门到别人家打麻将去了。

等到第二日江冬秀兴尽而归，发现窗户大开着，人去楼空，原来胡适急切之下从窗户爬了出去跑了。事后胡适自知理亏，不敢回家，在办公室打了两天地铺。

在美国做寓公那几年，江冬秀天天沉迷于麻将桌，有时为了赶场子打麻将，也不做饭，煮一锅茶叶蛋给胡适慢慢吃，胡适也不生气。碰到没有牌搭子麻将打不成，他怕江冬秀生闷气，就到处打电话替她找"麻友"。有老朋友骂胡适没出息，被小脚女人训成这样。江冬秀则理直气壮地说："他一个大教授现在不挣钱，家里一应开销全靠我牌桌上的收入，我不打麻将，他就要饿肚子。"

唐德刚一次造访胡适家，正逢江冬秀邀几个人打麻将。斗室之内，烟雾弥漫。

"赢了？"唐德刚低声问胡适。

"她每打必赢，不知何故。"唐德刚回去后在《胡适杂忆》里写道."胡太太在麻将桌上赢的钱，也是胡家的经济收入之一种。"

江冬秀一打牌，客人骤多，大呼小叫，胡适就无法静心读书写文章了。于是胡适常在一旁观战，有时也会亲自上阵。这样的麻将生活似乎很无聊很没有意义，但也不失为一剂调节苦闷心情的良药。

胡适曾在日记中谈到这样一件事："那天我不在家。我的太太看见窗帘里爬进一个人来，吓了一跳，于是去打开了房门，这个贼是不晓得我家有多少人，他看见我的太太指示他从房门出去，他就走。如果她那时喊贼，贼可能会用武器打她的。有了这次事情之后，大家说：'胡太太开门送贼。'"

当时江冬秀正在做饭，突然看见了贼。她受到惊吓的同时，却并没有如美国女人面对歹徒时所习惯的大声尖叫，而是迅即走到大门口，拉开门，义正辞严地对贼说了一个英文单词："GO！"江冬秀不会说英语，只会说这一个单词。她的大胆与果决着实吓住了贼，他竟然有些不知所措。也许在他的职业生涯里，从来没有遭遇过这样临危不惧的女人，而且还是个矮矮胖胖面色慈祥手无缚鸡之力的外国老太太。他愣在原地好一会儿，然后就真的顺着江冬秀的指示"GO"出去了。江冬秀关上房门，折回厨房，继续做她的饭。

从此，"胡太太开门送贼"的事流传在北美华人世界。

胡适在晚年总结自己四十余年丰富的婚姻经验："我认为爱情是流动的液体，有充分的可塑性，要看人有没有建造和建设的才能。人家是把恋爱谈到非常彻底而后结婚，但过于彻底，就一览无余，没有文章可做了。很可能由于枯燥乏味，而有陷于破裂的危险。我则是结婚之后，才开始谈恋爱，我和太太大都时时刻刻在爱的尝试里，所以能保持家庭的和乐。"

胡适还认为："久而敬之这句话也可以作夫妇相处的格言。所谓敬，就是尊重，用现在的话来说就是尊重对方的人格。要能做到尊重对方的人格，才有永久的幸福。"

后来，胡适应人之约做"口述自传"，江冬秀"夫唱妻随"也写了一部自传。据看过这部稿子的唐德刚先生评论说："胡老太太不善述文，稿子里也别字连篇，但是那是一篇最纯真、最可爱的朴素文字！也是一篇最值得宝贵的原始社会史料。"遗憾的是这部手稿后来遗失了，不知流落何方，实在可惜。

1953年4月18日，韦莲司致信一封给江冬秀，邀请她夏天来绮色佳，参观胡适的母校，并住到自己家里来。7月6日，胡适夫妇欣然前往。

韦莲司为胡适夫妇准备了很多中国食品，还同他们游玩了英斐尔瀑布。这是韦莲司与江冬秀第一次也是唯一一次见面。1958年，韦莲司赠给江冬秀一套刻着江冬秀名字的银器。她还一改原本豪放的作风，过于谦逊地给江冬秀写了一封短信："我感谢你接受像我这样一个没有训练又没有价值的人做你的朋友。"曾经沧海难为水，韦莲司这时候对他们只剩诚挚的祝福了。

当时的韦莲司已从康乃尔大学兽医图书馆退休，自奉俭约。她相信金钱可以换来自由，也可以作有意义的使用。她把自己毕生的积蓄提出来一些作为出版胡适著作的基金，这也是她送给胡适最后的礼物。1960年，韦莲司卖掉了在绮色佳的房子，搬到中美洲加勒比海巴巴多斯岛西南角的哈斯丁司度过晚年时光。那里的沙滩极美，是最早的度假圣地。韦莲司在搬去巴巴多斯之前，在纽约与胡适匆匆见了一面，二人留下了一张合照。

这是最后的一面，此后两人永隔大洋，终生未得见。人生之花不会四季常青，总有凋零的一日，一个人的离开，也会让另一个枯萎。

心花零落，逐水而去。

万山不许一溪奔

驱车来到台北胡适纪念馆，正赶上雨天。朦胧的雨丝中先映入眼帘的是那句耳熟能详的名言"大胆假设小心求证"。蓦然间，我仿佛和这位学界耆老有了一种灵魂的碰撞。

胡适纪念馆由故居、陈列室和墓园三部分组成。

故居之外，几株椰子树孑然而立，形影相吊。院外的绿地中，开辟出了一片小池塘，点点荷花覆盖在上面，显得静谧而清冷。今天只有我一个人前来，纪念馆每逢周六周三开放，今日却是周五。好在负责人并不拦我，只告诉我不可以拍照。

推开故居大门,各类物件仍依循胡适生前的原样摆放,其生前的起居作息可管窥一斑:会客厅里是红褐色的书柜、布面的沙发、古旧的老式藤椅……与客厅隔着屏风的餐桌上依稀摆放着朴质的碗勺,旁边的字牌上注释——胡适的早餐:一碗稀饭,一片面包,一碟菜,一杯橘子水,一杯咖啡。客厅的一边是胡适的卧室及夫人江冬秀的卧室,屋内的物件摆设甚为简约。

在客厅另一边,则是胡适的工作室和书房。应当说,胡适故居中最可津津乐道的还是胡适那些铺天盖地的书籍,这些书籍多是胡适来台后购置、搜集或朋友赠送。胡适藏书,中外史学、文学、哲学、艺术、宗教等无一不涉。书房和卧室的书是他经常翻阅的。书房里,一排古典书籍,泛出黄色,贴着标签,恍觉先生已离又未离。

走出先生故居,雨下得更大了,滴落在瓦上叮当作响,细听之下好似有一种旋律掺杂在内。空荡荡的院落在雨中干净异常,微风吹斜了雨丝,从脸颊上滑过,一时间,竟有一种莫名的惆怅在心中盘桓不去。

1957年,蒋介石特地为胡适建造了这座宅子,随即发布任胡适为研究院院长的令,同时发专电到纽约"促驾"。国民党当时虽然只剩下弹丸小岛,却仍维持着旧日在南京的门面,五院各部俱全。也有一个中央研究院,算是最高学术机关,直属"总统府"。

胡适本无意做什么院长,但他近来身体多病,总想着"应该安定下来,把没有完成的工作及时完成,不能再拖下去了"。这些工作是指《中国哲学史大纲》《白话文学史》等他早年著作的未完成部分。此外,他还想编辑出版《文存》第五、六集,为《水经注》作出"终审判决",以及还想要出版一本《诗存》。

1958年4月8日下午,胡适与台湾清华大学校长梅贻琦乘西北航空公司班机飞抵台北。陈诚、钱思亮、李济、胡祖望夫妇和孙子胡复等人前往松山机场迎接。江冬秀却没有与胡适一同前来,她同美国的麻友们整日鏖战,无暇顾及其他。

在机场休息室,记者问胡适:"目前台湾是不是需要一个强大的反对党?"

胡适回避这个话题:"请你们不要审问我与政治有关的问题好不好?我去国至今三年零三天,国内的事全都茫然,你这个问题又是如此之大,今天我无法给你圆满的答复……我向来对于政治没有兴趣,如今老了,更加没有兴趣。"

1958年4月10日,胡适正式就任研究院院长。在简朴的就职典礼上,蒋介石上台讲话说:"胡适宣扬的五四精神,专门讲科学与民主,这两个当然很重要,可我觉得不够,还必须加上伦理,民主+科学+伦理,才能有一个平衡发展。"并大加赞扬胡适"个人之高尚品德"。胡适听后不以为然又跑上台去说了一通,把蒋介石的话痛批了一顿。

胡适连珠炮般讲完之后,蒋介石脸上挂不住了,当时有几百名学者在场,他们都暗地里为胡适捏了把汗,因为这样公开的批评是极其少见的。还好蒋介石没有当场发脾气。

然而蒋介石并未如表面那样视胡适为座上宾,早在几年前两人的隔阂就产生了。

1954年,胡适抵台参加"国民大会"第二次会议时,写下了一篇《"宁鸣而死,不默而生"——九百年前范仲淹争自由的名言》的读书笔记,称就九百年前范仲淹《灵乌赋》里的一句争自由的名言"宁鸣而死,不默而生"比美国开国前期亨利·柏得烈的"不自由,毋宁死"要早七百四十年。他认为《灵乌赋》是"中国古代哲人争自由的重要文献",或者是"一个中国政治家争取言论自由的宣言",是借一尾"灵乌"的呼号鸣叫、告人吉凶的寓言,表达作者一种灵魂的自誓和为言论的责任而不惜献身的精神。

雷震创办、以胡适为发行人的《自由中国》杂志正是这种精神的产物。

1956年10月31日为蒋介石70岁寿辰。事前蒋介石曾表示谢绝祝寿,希望大家提出问题,他愿虚怀纳言。于是《自由中国》出了一期祝寿专号,刊登胡适、雷震、徐道邻、徐复观、毛子水、陶百川、蒋匀田等所作献议祝寿的十多篇文章。

胡适文章的题目是《述艾森豪总统的两个故事给蒋总统祝寿》,叙说艾氏任哥伦比亚大学校长时，自知无专门知识，而大胆信任各部门负责人；当总统以后，遇自己一时无法决断的事，不轻易下断语，而将自己签名"可""否"两个批件，请副总统尼克松挑一个。最后结论说：

我们宪法里的总统制本是一种没有行政实权的总统制，蒋先生还有近四年的任期，何不从现在起试试古代哲人说的"无智、无能、无为"的六字诀，努力做一个无智而能御众智、无能无为而能御众势的元首呢？

这期祝寿专号乃"不识相"地言人所不敢言，发表了一些讨论、建议和批评的文字，在台湾连印七次而引起轰动，令蒋介石及其"军方""党方"和"团方"十分不满。1956年12月，蒋经国控制的"国防部总政治部"以"周国光"的名义发布"极机密"的"特种指示"《向毒素思想总攻击！》该指示共九条，第一条即宣布："有一种叫做《自由中国》的刊物，最近企图不良，别有用心，假借民主自由的招牌，发出反对主义，反对政府，反对本党的歪曲滥调，以达到颠倒是非，淆乱听闻，遂行其某种政治野心的不正当目的。"，指示党团员们要"站在三民主义的思想立场上"，"正视这一股毒素思想所隐藏的恶劣影响，要从思想战场上明确地确定它是我们思想上的敌人"。以党的名义要求各级组织"有计划地策动思想正确、信仰坚定、有见解、有口才、有写作绘画能力的同志，口诛笔伐"。

一时间，胡适和《自由中国》被台湾当局批成了洪水猛兽，胡适却没有一点防范意识。回到台湾不久的一天晚上，自由中国社举行宴会欢宴该社朋友。胡适在宴会上演说《从争取言论自由谈到反对党》，公开主张由知识分子来组织一个在野党，并极力表彰雷震为民主自由所作的贡献。他说："这几年来，如果说言论自由格外普遍，我觉得雷先生的功劳最大。我说台湾应该替他造一个铜像，以表示他是真正争取言论自由的英雄、好汉、斗士。"

胡适虽主张组织一个与国民党公开对抗的反对党——中国民主党。但当雷震劝他担任"党魁"时，胡适拒绝了，他说："我不赞成你们拿我来作武器，我也不牵涉里面和人家斗争。如果你们将来组织成一个像样的反对党，我可以正式公开的赞成，但我决不参加你们的组织，更不给你们作领导。"

1960年8月13日，中国民主党在中坜举行竹苗桃三县座谈会，雷震宣布新党将于9月底或10月初正式成立。

蒋介石自然不会坐视一个反对党在自己身边悄然兴起并壮大，1960年9月4日，趁胡适去华盛顿参加中华教育文化基金会年度会议的时候，蒋介石向《自由中国》下黑手了，他命令逮捕雷震等骨干分子，《自由中国》自此停刊。

正在美国办事的胡适从广播里得知"雷震案"发生后，大吃一惊，赶忙拍电报给陈诚说，"当局此举甚不明智"。建议将此案交司法审判，一切侦审及审判皆予公开。随后又再电陈诚说："万望我公戒军法机关不得用刑审，不得妄造更大罪名，以毁坏当局的名誉。"

所谓"我不杀伯仁，伯仁因我而死"。10月8日，台湾警备总司令部军事法庭对"雷震案"做出最终审判，雷震以"为匪宣传"与"知匪不报"两项罪名被判刑14年。

蒋介石担心胡适在美国发表不利台湾的言论或不返台，此时得罪了美国也不是蒋介石的愿望，就让陈诚找任过《自由中国》总编辑的毛子水去封胡适的口。10月18日，胡适离美回台，途经东京时，毛子水已在此迎候。毛子水劝胡适无论如何不要接见记者发表谈话，先将事情冷一冷，等蒋介石的气平息下来后大家再来进言，挽救雷震出狱。

此后，胡适对此事讳莫如深地避而不谈，有记者来问时，他说只有一句话."大失望，大失望！"出于自身的安危考虑，他也没有去狱中探望雷震。报纸记者提示他："您不去，雷震会失望的！"胡适万般无奈地说："我相信他会知道我在想念他！"

1961年6月25是雷震65岁生日，这位自由主义的斗士却只能在牢中度过了。郁闷难当的胡适在病中特为好友抄录杨万里诗《桂源铺》一首，算作是

给朋友的"寿礼":

> 万山不许一溪奔,拦得溪声日夜喧。
> 到得前头山脚尽,堂堂溪水出前村。

当溪水选择了奔流,万山便退却了。当你的字典里擦去了退缩,你便能前进了。

两个小朋友

1959 年 10 月间,胡适收到一封一两千字的长信,信中提到了一个很大的问题:英国制度和美国制度有什么分别?哪个更好一点?寄信人名叫袁瓞,胡适并无印象,读完了信,才大吃一惊,原来这封信是一位卖芝麻饼的小贩所写。一个做饼、烤饼、卖饼的小贩居然在思考这样大的政治体制问题,这让胡适感慨万千,他便亲笔写了一封回信:

袁瓞先生:

谢谢你 10 月 23 日的长信。

我细细读了你的信,很诚恳的感谢你在辛苦做饼、烤饼、卖饼的生活之中写这一两千字长信,把积在心中多年的话,一直没有向旁人提起过的话写出来寄给我。

你提出的问题太大,我很惭愧,不能给你一个可以使我自己认为满意的解答。我只能说,你说的英国制度和美国制度其实没有什么大分别。你信上叙述的那个"杜鲁门没有带走一个人"的故事,也正和丘吉尔在 1945 年离开唐宁街 10 号时没有带走一个人，是一样的。

我还可以说，我们这个国家里，有一个卖饼的，每天背着铅皮桶在街上叫卖芝麻饼，风雨无阻，烈日更不放在心上，但他还肯忙里偷闲关心国家的大计，关心英美的政治制度，盼望国家能走上长治久安之路——单只这一件奇事，已够使我乐观，使我高兴了。

如有我可以帮你小忙的事，如赠送你找不着的书之类，我一定很愿意做。

祝你安好。

胡适。四八，十，廿五夜。

从此，小贩袁瓞便成了博士胡适的"我的朋友"了。

一日，胡适邀请袁瓞到南港的中央研究院去做客。见面的时候，胡适拉着袁瓞的手惊异地说："你这么年轻，出乎我的意料，从你的来信中，要看你 40 岁以上啊！"

袁瓞带给胡适一份礼物，用手巾包着，打开了，是十个芝麻饼。他捧到胡适面前，说："先生，这是我亲手做的，送给您吃，表示我对您的敬意。"

胡适接过芝麻饼，拿起一个就吃，脸上淡开了笑容，咬得咯咯直响。

那一日，刚好有外宾来访，袁瓞怕耽搁了胡适的公事，便告辞了。临行时胡适赠送他五本书，每一本上都亲笔题名留念，并说："你先拿去看，以后需要什么书，尽管随时来拿。"

1961 年 2 月 25 日，美国密歇根大学校长韩奈来台湾访问，胡适应邀作陪。还未见外国友人之面，胡适忽然脸色煞白，额上出汗不止，他指着心脏，微弱地对身边人说："不舒服！"众人慌忙将他送到医院。经诊断，胡适心脏左边心室后面的血管堵塞。

3 月 2 日，胡适终于摘掉了氧气罩，脉搏也恢复正常，但医生不叫他出院，需要休息一个星期。恰好他的朋友梅贻琦也正住院，就在隔壁的一间病房。一天，梅夫人拿了一个芝麻饼送到胡适的病房来，说："我给你吃一样东西，这样东西我相信你没有吃过。"胡适接过来一看，见是芝麻饼，便笑了，说："我早就吃过了。这是我的一个朋友做的。"众人都笑了。

胡适不明世事，以为偌大的一个台北市，做芝麻饼的只有"我的朋友"袁瓞一个人。

胡适的另一个小朋友，名声比袁瓞要大得多了，他就是狂人李敖。

许多人都记得李敖曾经说过的一句名言："500年内，白话文第一名是李敖，第二名是李敖，第三名还是李敖。"然而，就像再强悍的动物也有天敌，狂傲至极的李敖亦有自己佩服的人，这就是胡适。

李敖对胡适的兴趣，由来已久。早在小学时他就已知道胡适的大名，在初中时，他借到一本《胡适文选》，读后为那崭新的思想和明白畅晓的语言所慑服，引起他"很大的狂热"。1952年10月1日，李敖在台中车站递了一封两千字的长信给他，那时李敖才17岁。

胡适定居台湾地区后，意外看到《自由中国》发表了李敖论《胡适文存》的文章，很感兴趣，想见见作者。1958年4月26日，在弟子姚从吾的引荐下，胡适见到了李敖。当天他们就在钱思亮家里大聊一阵。胡适对李敖就说："呵！李先生！连我自己都忘记了、丢光了的著作，你居然都能找得到：你简直比我胡适之还了解胡适之！"

李敖后来回忆说："此后胡适一直把姚从吾老师视为'胡适——姚从吾——李敖'的关系。姚从吾老师也有视一同。我相信胡适以下，显然把我看做北大系的一个传人，姚从吾老师跟我的交情，也是在这一基线上发展的。"

两人第二次见面，在1958年6月8日。那天，李敖到南港参观民族学研究所的展览，顺道去看胡适。李敖请胡适写字，胡适满口答应，并当即送李敖"一个小玩意"，是一本《易林断归崔篆的判决书》。两人分别时，胡适亲切地说："再见。"李敖深有感触，说："此君真是礼貌周到，亲切可人。"几天后，胡适派人送来字。

同年12月4日，李敖赴机场迎接胡适。此前胡适赴美是做身体检查的，走后，李敖曾写信一次。回来隔一日，李敖作打油诗《好事近》，祝胡适六十八岁生日。诗曰：

> 哈哈笑声里，
> 六十八岁来到，
> 看你白头少年，
> 一点都不老。
> 寿星说话不妨多，
> 喝酒可要少，
> 不然太太晓得，
> 那可不得了。

胡适收到信后，也回信一封，信中说："谢谢你送我的生日诗！你把'喝酒'写成'渴酒'了。我常说，凡能做打油诗的，才可以做好诗。你这首诗可以算是成功的打油诗，可以预测你做白话诗的前途。"

1961年11月6日，美国国际开发总署举办的"亚东区科学教育会议"在台北开幕。胡适推不掉洋人的纠缠，应邀赴会作了三十分钟的英文讲演，题目是《科学发展所需要的社会改革》。这次演讲的内容其实仍是他几十年前的老调子，颂扬西方的现代文明，攻击中国的古老文明，以致苛酷指责我们民族的固有文化。

没想到这次老生常谈，却引发了一场中西文化人论战。这次论战不是有意识的组织，于无意间，胡适和李敖成了这场论战的发动者，而且共同作为论战一方的主力，备受反对者的指责和谩骂。

在胡适发表演讲后，有人甚至在"立法院"提出质询，要胡适辞去中央研究院院长之职。李敖随后在《文星》上发表了长文《播种者胡适》，对胡适的思想作了比较全面的整理，充分肯定了胡适对国家、民族的贡献。文章开头说：

"三百年来，朝代换了，古人死了，这部书的纸张也变黄了，可是圣朝破邪的细菌并没有消失，它钻进中国人的感情里，一代又一代，随着愚昧程度的深浅而有着不同的病象：有时中体西用的谵语出现了，那好像是一场伤寒；有时超越前进的怪调出现了，那好像是一场白喉；有时义和团的疯狂出现了，那好像是一场猩红热。"这篇文章一下子把由胡适演说所点燃的火苗煽动了起来，使那场规模空前的大论战很快形成。

这一场大论战，台湾地区几乎所有的媒体都参加了，《文星》《政治评论》和《世界评论》等刊物连续多期用全部篇幅发表论战文章，作者范围之广和写文章论战的"积极分子"之多，都是空前的。许多报纸和刊物郑重发表社论，组织座谈。后来发展到"党国要人"（如"副总统"陈诚）、政团领袖、大学教授、企业家等名流纷纷表态。支持李敖者也有，但人数有限，几乎不足两位数，绝大多数是反对"西化"的。

胡适虽然素来号称修养好，毕竟也具七情六欲，也难于抑制心头的愤懑与烦忧，不久又因心脏病发作住进了医院。可围攻他的人们并没有因此停歇，谩骂和指责继续朝胡适和李敖头上喷来。

胡适在病床上拿起圆珠笔指着围攻他的那些文章对身边的人说："你看，这说的什么，这样的轻佻浮薄！再看这儿，简直瞎闹。这还算是捧我的一篇！"胡适一面说，一面用笔把他批评的地方画出来，"他们要围剿我胡适，你说，这是什么意思？我不懂，我胡适住在台北，与他们有什么坏处！"

风烛残年的胡适，在"围剿"与"反围剿"的硝烟中再一次被无情地棒打。他做不到"大笑拂衣去"，只有一头扎进研究院的日常事务中，在生命的最后时刻，依然挖土不息。

李敖评价胡适："别看他笑得那么好，我总觉得胡适之是一个寂寞的人。"这句话一语中的地点破了胡适晚年的心境，而各方的攻讦与喧闹，令胡适备感孤寂。

无限伤心事，何处话凄凉？他只是一个寂寞的老人。

世间已无胡适之

胡适公园距胡适故居中央研究院不远，就在中央研究院大门对面的小山坡上。仿佛这位院长驾鹤西去之后，依然日夜关注着中央研究院。走过拱形大门，就看见"胡适公园"四个大字。对于当地的居民来说，这里首先是一座"公园"，而后才是胡适的"墓园"。

雨后的公园游人稀少，十分幽静，公园的门不大，入口处是一座地标式的喷泉池，在路边，除了一个很平坦的小区域之外，迎面就是一座小山坡了，背后则是绵延的山脉。

缓步来到安葬胡适的小山坡上，首先映入眼帘的是斜放在通往墓冢台阶上的一块黑色大理石墓碑，上面镌刻着胡适学生、思想启蒙先驱者毛子水所写的墓志铭：

这是胡适先生的墓。

这个为学术和文化的进步，为思想和言论的自由，为民族的尊荣，为人类的幸福而苦心焦虑、敝精劳神以致身死的人，现在在这里安息了！

我们相信形骸终要化灭，陵谷也会变易，但现在墓中这位哲人所给予世界的光明，将永远存在。

胡适生前喜爱白色，所以胡适墓园就以饱满圆润的白色鹅卵石铺面，四周则辅以白色正方形廊檐，墓碑正面的围墙上悬挂一块白色大理石，上书蒋介石亲笔题写的"智德兼隆"四个金字。墓园前两侧，伫立着两棵松柏。中间置一花台，可摆放祭奠的鲜花什物。没有宗教信仰的胡适，其墓园显得浑朴自然，墓碑上镌刻的"中央研究院院长胡适先生暨德配江冬秀夫人墓"几个大字，是于右任所书。

站在胡适墓前，我突然感觉无所适从。至此，我已经追寻完了先生一生的足迹，他从山中走来，在动荡不安的尘世里完成了他锦绣的一辈子，看穿浮名后抽身而去，可谓是洒脱之极。而我此时却忍不住泪如夜露，朦胧了眼前的路。

1961年10月，江冬秀终于依依不舍地告别美国麻将牌友，回到孤苦伶仃三年半的老胡适身边。胡适欣喜异常，提前把寓所靠近盥洗室的那间房腾出来，用去污粉把浴缸擦得干干净净，然后把身边的四个工作人员召集起来说："我太太要来了，她很节俭。在中国，节俭是一种美德。我结婚时，家里欠了债，但不到两年，不但还清了债务，还有节余。这全是太太的功劳，是她省俭的结果。"

18日上午，胡适亲自去松山机场接江冬秀。下午四时，中央研究院全体同人、眷属在蔡元培馆举行"欢迎胡夫人茶会"。胡适真情流露地致辞说："我是奉命，奉太太之命说话的。太太来了之后，我的家确实温暖了，不像过去那样的孤寂了。"的确，自从江冬秀到台湾后，胡适屋子里的气氛显然有所改变，老两口有说有笑。一天早晨，胡适吃完了点心，梳一梳头发，觉得这次病后头发白得多了。江冬秀在旁说："你打扮打扮，年纪轻得多，也很漂亮了。"胡适笑着说："江冬秀小姐，我从来没听过你说我漂亮，从来没听过你说我漂亮的话呀！"

江冬秀却不修边幅，她刚回台湾，应酬多，不打扮就出门。有一次围一条长围巾，穗子都拖到了地面上。胡适笑着说："太太，你就这样一副打扮呀？"胡太太反问："不好看吗？"胡适连说："好看，好看！"

1961年11月26日，胡适起来后觉得呼吸急促，气也喘起来，咳嗽时发现痰中有血丝。因为这天是星期天，江冬秀在台北福州街26号临时住宅打牌，不在南港。胡适不愿意惊动人，就喝了一杯白兰地，服用了一颗心脏病特效药片后躺在床上看书，看着看着，居然睡着了。

中午，胡适被送进了台大医院特一号，医生发现胡适有心脏衰竭的现象，于是为胡适接上氧气瓶，同时注射强心针。

12月15日是江冬秀的阴历生日，胡适为夫人准备了珍珠耳环和手镯作为生日礼物。"中央研究院"的摄影人员来替胡适夫妇照相，江冬秀坐在胡适病床边的凳子上，摄影师按了快门，拍了胡适夫妇最后一张合照。

第二天是胡适71岁的生日，江冬秀将一只携着"寿"字的金戒指戴在胡适的手上，作为生日礼物。而许多前来祝寿的客人，却被胡适的秘书胡颂平拦在了门外，说医生不许打扰先生。客人们便在祝寿册上签了名，然后离去。看了祝寿册上245位签名的名单和许多人写的寿序后，胡适说："每篇寿序都使我看了脸红。"

1962年1月10日，胡适出院，医生嘱咐胡适每天上午只能办公一个半小时，与客人谈话最好不要超过15分钟，饮食要照住院时的规定，不要吃得太多。不吃肉，少吃油，多吃鱼。

但胡适的做法恰恰相反，他特别爱吃红烧肉里的肥肉，通常安排在晚餐吃。每天客人不断，胡适的态度是来者不拒。会客室小，常常是后来的人挤走先来的人。有时也留下两三个人吃饭，除平时的四盘菜之外，再加一盘炒鸡蛋。当时担任行政院副院长的王云五对胡适说："健身之道，每天饭后要走三千步。"胡适偏偏不爱走路，几乎没有一天超过一千步。有时饭后刚走几步就借故返回，说："冷了冷了，赶快回家。"

2月8日，胡适夫妇应邀拜访蒋介石士林官邸，蒋介石夫妇为胡适补办生日暨新年宴会。临回时宋美龄还送了江冬秀一些年糕与咸肉。在一片喜气洋洋的气氛中，胡适也正式提出了自己的退休请求。他还专门写了一幅"大腹能容，容天下难容之事；此公常笑，笑世间可笑之人"的对子。

1902年2月24日，胡适离开福州街，去南港中央研究院主持将在蔡元培馆召开的第五次院士会议。这天，他心情颇愉快，因为这次到会的院士比较多，在国外的吴大猷、吴健雄、袁家骝等也都陆续到达。

下午五时，酒会开始。胡适走到麦克风前面说："各位朋友：今天是中央研究院十二年来出席人数最多的一次院士会议。令人高兴的是海外四位院士也回来参加这次会议。"又神情得意地说："我今天还可以讲一个故事。我常向人说，我是一个对物理学一窍不通的人，但我却有两个学生是物理学家：一个是北京大学物理系主任饶毓泰，一个是曾与李政道、杨振宁合作证验对等律之不可靠性的吴健雄女士。而吴大猷却是饶毓泰的学生，杨振宁、李政道又是吴大猷的学生。排起行来，饶毓泰、吴健雄是第二代，吴大猷是第三代，杨振宁、李政道是第四代了。中午聚餐时，吴健雄还对吴大猷说：'我高一辈，你该叫我师叔呢！'这一件事，我认为生平最得意，也是最值得自豪的。"最后胡适说："今天因为太太没来，我多谈了几句话。现在要将这个会交给李济等几位先生，请他们说说话。"

李济起身发言，说到中央研究院的未来任重而道远，不免有些悲观："科学研究，今天究竟在这里占了一个什么地位？是否没有地位？……"吴大猷听言赶忙代表回台院士劝李济不要悲观，他说："我们要把基础栽培起来，绝对没有捷径。像杨振宁、李政道这样的天才，尚需八九年的训练才能成熟。一个国家更得加倍努力的时候，要20年才能有个标准。我觉得李济先生不必悲观。"

两人的发言触动了胡适，胡适再次起身接过话语权，直接从科学说到民主自由："我赞成吴大猷先生的话，李济先生太悲观了。我们中央研究院从来没说过什么太空、迎头赶上的话。不幸的是几十年的政治变动，8年抗战，10年戡乱，使我们的好多梦想未能实现。

"科学的发展，要从头做起，从最基本的做起，决不敢凭空地想迎头赶上。我去年说了25分钟的话，引起了'围剿'，不要去管它，那是小事体，小事体。我挨了40年的骂，从来不生气，并且欢迎之至，因为这是代表了自由中国的言论自由和思想自由。"

讲到自由的话题，胡适突然激动起来，声调也有些走样。突然他煞住了话头，停顿片刻，又接着说："好了好了，今天我们就说到这里，大家再喝点酒，再吃点点心吧，谢谢大家。"

胡适站在刚刚讲话的地方，含笑和一些告辞的人握手，正要转身和谁说话，忽然面色苍白，晃了一晃，仰身向后倒下……站在不远处的钱思亮、凌鸿勋连忙伸手来扶，但已经来不及了。他们眼睁睁地看着胡适的后脑碰到桌沿，然后重重地摔倒在冰凉的磨石子地上。一代博学硕儒溘然长逝。

出殡之日，台湾地区各界有30万人为"我的朋友胡适之"执绋，国民党要人、学界名流、生前友好、同事前往送行者不计其数，整个送葬路上人山人海，车马难行，形成无涯之海洋。其规模之大，盛况之隆，前所未有，可谓备极哀荣。最令人称奇的是，这些人中除了庙堂之上的士大夫和知识分子以外，还有不少布衣白丁。面对如此壮观浩瀚、涌动不息的人潮，江冬秀于悲恸中对她的长子胡祖望说："祖望，做人做到你爸爸这样，不容易哟！"

治丧委员会收到各界人士送的挽联挽幛八百余件，其中三幅最能代表胡适一生的功绩：

微老夫子，倡白话，此日儿童，仍须皓首穷经，从字纸堆中，去埋头嚼句。
无新文化，主改革，长兹华裔，安能小心求证，到科学园里，来植树生根。

先生去了，黄泉如遇曹雪芹，问他红楼梦底事？
后辈知道，今世幸有胡适之，教人白话做文章。

孟真死于闹，今公死于闹，行在纵多才，何堪如此？
共党既骂之，国人又骂之，容身无片土，天乎痛哉！

傅斯年在演讲后猝亡，胡适也终结于此，这莫非是历史的巧合，还是一个文人最好的归宿？那么，下辈子再也不要做那风浪尖头的水手，只知大声疾呼，而当风浪袭来时，躲闪不及的水手。

一世风情，全作一场空白，红袖烛影，徒添一抹悲凉，一丝血刃的无情。只怕被风雨搁浅淡淡的痕，残留着往日的碎影。

人生不满百，对于无穷的历史时空来说，实在微不足道，但在百年的生理生命结束之后，犹能被怀念，被记取，传为不朽的，就应该被尊崇为伟大的人了。胡适就是其中的一个，先生锦绣的一生，如同一张柔软的白纸，铺在丝缎般的江面上，等待饱蘸墨汁的笔触。然后，一切覆盖下来，曾经想象过的一切在发生的同时开始永远的失去。

那搁浅的梦想，成了唯美的墓志铭。

我忽然不自主地挪动步，正中，对着先生的墓，弯腰，深鞠三躬。

花台上放着三捧鲜花，不知谁放的。

这灰色的硬石之下，其实脚步已触着先生安息的土地。两颗心已离得很近，我仿佛听到了只字片语的真切的痕迹。只是，在这个真实的时空里，许多记忆都被浓烈的城市光源所吞噬，留下无尽的思念与伤痛，像个找不着回家的路的哭泣的孩子。

转身离去时，我黯黯回眸，微风吹过，墓旁的松树微微颔首。绿，此时却显得这般宁静与安详，它淹没在脆弱而汹涌的雾白里，得到了某刻单纯的栖息。我却听到了空气中无数花开又花落的声音，是那么的无奈与伤悲。只在这，在石栏边，看里面冷冰的花岗岩，便手足无措的发冷。

出了园门，阳光突破阴霾，透了出来。只是，世间已无胡适之。